NEW YORK

欲望·都市
至爱纽约，心动之旅

爱上纽约

纽约时尚旅行攻略

依蓝&春华 著

中国青年出版社

跟随纽约“旅行者”的足迹寻梦

一百年前，历史学家依波利特·泰纳将游客分为六种：第一种是为了获得行走的愉悦，他们对走过的路程津津乐道；第二种是带着指南旅游，按旅游指南吃住；第三种是跟团队或与家人一起出外旅行，很在乎省钱；第四种旅游的目的就是一个吃字；第五种喜欢猎奇，他们寻找特殊的东西，特别是当地物品；最后一种是旅行者，他们为寻求生理和心理的满足，背上行囊，即兴起程，他们遥望远山，闲适遐思，然后感慨“大自然真好”。这是迄今为止，我很赞同的一种分类。

因为工作的关系，我和旅行结下了不解之缘。也因此，春华的这本《欲望都市》（繁体版，已在台湾地区出版）几经辗转到了我手里。有幸提笔为此书的简体中文版写序，是为让更多的读者了解美国时尚之都的魅力，也算是对自己十年如一日的旅行生涯的一点感悟。

春华，一个特别好的名字，意为春天的花。唐骆宾王《畴昔篇》：“容鬓年年异，春华岁岁同。”鲁迅《无题》诗中也提到“血沃中原肥劲草，寒凝大地发春华”。春华其人如其名，她履历丰富，爱好广泛，是非常懂得生活的旅行者，虽身在异国他乡，仍不忘成为国之文化使者。

这本《欲望都市》就是春华旅居美国的杰作之一。记得美剧《欲望都市》风靡全球的时候，是1998年，那时的我风华正茂，意气风发。那时候有这样四个曼哈顿的单身女人，她们用敏感细腻善变、独立理性、理想主义与放荡不羁的生活态度影响了一代崇尚唯美与品位的文艺青年。想必春华，便是其中之一。

春华与同伴伊蓝在纽约携手旅行，地毯式地寻访《欲望都市》电视及电影版的每个场景。她们一路感受、记录整理出一份融交通、资讯和剧情解说为一体的《欲望都市》玩乐指南，这份执着与笃定让我敬佩。

通过《欲望都市》的细节去了解一座城市、一种文化，甚至是一种生活方式，是一种聪明的旅行手段。也许在若干年后，你早已忘记了纽约高耸入云的帝国大厦、百老汇热辣纷呈的经典剧目、中央公园行色匆匆的人群，但电视中重播的一个经典片段或者跟随书中的足迹而买给自己的一份伴手礼，就能轻易地让你的思绪泛滥成灾，带你回忆起那个年轻，又不失梦想的自己。

旅行者比旅游者更多的一种特质是他们的目光，他们喜欢寻觅一种探索的美，发现更新的领地与繁复又单纯的人生，在旅途中积累一份比常人更多的淡定和从容。于是，旅行就成为一种艺术，这也是我和《时尚旅游》一直追求的梦想——旅行至更美好的世界。希望读者诸君对《欲望都市》爱不释手，甚而开启一段说走就走的旅程。

《时尚旅游》执行出版人 余辉

欲望都市，是女人不远万里的追求

窃以为，女人是一种奇怪的动物，超出了我们的理解范围。无论是在纽约、在伦敦，还是在巴黎，抑或是首尔、曼谷，或者是在其他的任何地方，她们穿着高跟也能够拎着大包小包的购物袋走得摇曳多姿，柔情似水。

我们以为她们是物欲的，其实她们是感性的。她们看见美的东西，就在那短短的一瞬间，眼里的光芒都会被聚集。

我经常感叹这个世界要是没有女人这个物种，该会多无趣啊，是她们的欲望在不断地刺激和催生着，让这个世界变得越来越美丽。

依蓝和春华是这种有趣的女人，在欣赏《欲望都市》这部经典的美剧之余，竟然携手行纽约，地毯式地搜寻剧中提到的每一个场景。

如果你是吃货，你可以去凯莉和米兰达最爱的Pizza店饱餐一顿，也可以去西村去吃全纽约最好的杯子蛋糕。

如果是情侣，你可以和凯莉和Mr.Big一样搭乘中央公园游园马车去享受一把浪漫的爱情，或者去盖普斯托拱桥，像凯莉和Aleksandr一样吃着巧克力调情。当然最好是11月，红叶在明亮的光影中变幻，会有新郎新娘在拍婚纱照，站在桥上，看着远处，仿佛一生就是这一日。

每个人都有不一样的旅途，每个人都有不一样的纽约，每个人都有着自己理解中的

《欲望都市》，但是我们每一个人都有着对生活的热爱。当你跟着依蓝和春华的足迹进入其中，我希望每个人都能够有新的体察和感悟。

这本书当然适合推荐给喜爱《欲望都市》这部美剧的人，在看过美剧之后，拿着这本书，可以再一次去现实的场景中感受剧中主角的心境，来一场时空穿梭的旅游。

这本书当然也适合推荐给热爱旅游的人们，这是一本翔实的、有趣的、有场景化的纽约旅游指南。你可以跟随着依蓝和春华的脚步，去探寻这个城市的性格。

但是我以为这本书最适合推荐的是那热爱美的女人们，我觉得每一个女人的内心都有对美歇斯底里的追求和对自己精益求精的雕琢。这样的女人在这本书的指引下，也可以和她们一同去拥抱和感受那个欲望的城市里的每一个欲望的音符。

嗯，我是不反对这样的女人的，因为她们，这个世界才更有趣，难道不是吗?

欲望都市，是每一个女人不远万里的追求。

搜狐移动门户中心自媒体总监 杨成伟

把《欲望都市》中的纽约，变成我们自己的纽约！

《欲望都市》最最吸引我的，无疑是它犀利的台词，打从看到凯莉这段快节奏口白，我便知我将与这部戏深深纠缠下去了——“欢迎光临‘非’《纯真年代》，没人会吃《蒂凡尼的早餐》，也没人会遵守《金玉盟》，相反我们在早上七点吃早餐，试着尽快忘记誓言，自我保护和完成交易是最高原则，爱神也只好同流合污。”

哇！好一段理性又冷静的纽约女子感情剖白啊，不过我就知道说这话的“两性专栏作家”凯莉小姐，说归说，当自己陷入爱河、遭遇分合难题时也是一整个混乱茫然，哎呀！爱情这么变幻莫测、难以捉摸的东西，哪是什么定律、专家能搞定的？一出男女攻防好戏，就从凯莉问了句“Have you ever been in love?”而大人物回答了“Abso-fucking-lutely！”之后开始喽。

拥有94集电视剧、外加两部电影的《欲望都市》，是在纽约实地取景最多的一部戏，至今还没有其他影视作品能超越。

电视剧中每一集几乎都以“纽约如何如何”做开场，简单几句描述，却精辟传神一针见血。剧中四位女主角谈到纽约时，或深情、或揶揄、或骄傲，都将纽约客对这个城市的真实情感表露无遗。一起来看看这些精彩的台词，是不是让纽约的形象更鲜活了呢？

纽约没有三十几岁的好男人，朱立安尼把他们连同流浪汉一起赶走了。（第1季第4集）
在纽约住了10年就可以自称纽约客，不过内行人一眼就可以看出，谁是土生土长的纽约人。（第3季第15集）

黄依蓝
作者

不管你自认多么了解纽约，这里总有新的人事物等待被发掘。（第4季第4集）
住在纽约的好处是晚上有太多太多事可做了，但坏处是不知该挑哪一样。（第4季第14集）
每天早上，纽约人离开拥挤的公寓，来到更拥挤的街道。（第4季第17集）
你不能离开纽约，你就像克莱斯勒大楼，出现在葡萄园就是不对。（第4季第18集）
如果说苹果是纽约的代表性水果，那救护车就是纽约的代表性声音。（第6季第11集）
一年又一年，二十出头的女孩子来到纽约，只为了两件事情，恰巧都是L开头的：Labels名牌 & Love爱情。（电影版第1集）

每一次看《欲望都市》我都很忙碌，不但要上下扫描着她们的服装行头、认真倾听她们的感情难题、注意谁又爆出了什么精彩台词，还要一边观察她们在纽约的哪里，赶紧记下，好为自己的亲临现场做准备。

对我们而言，到纽约参加“Sex and the City巴士团”还不够过瘾，一定要竭尽所能踏遍剧中场景才满足。虽然有时候并不大苟同这些女主角的爱情态度，但是还是要感谢她们，多亏她们在纽约到处谈恋爱又吃喝玩乐买，间接当了大苹果最佳导游，才让我们有机会追寻出这么丰富的行程啊！

《欲望都市》是一座海市蜃楼，让人忍不住想往里钻！

我爱看《欲望都市》，不仅是因为里面华丽的服饰和场景，还因为看到自己或别人的故事，也体会着自己所不曾经历过的生活。之所以写这本书，是因为爱到一定的程度，便想用写书的形式来表达，就像小时候吃完糖果，要再把糖纸当宝贝收藏起来一样，这样才可以不时拿出来回味。而写成书不仅可以让回味定格，而且还可以与更多的人分享。

每一次观看《欲望都市》，就像是加入了片中姊妹们的聚会，分享她们的痛苦与快乐。而写作工程中的进一步深掘，总是又带给我们新的惊喜，让我们通过这部戏更加了解纽约，了解它的悲与喜、风情与寂寞、过去与现在，这是一般的旅游所不能达到的效果。

因为这部戏，凯莉、米兰达、夏绿蒂和莎曼珊这四位剧中人，从我们不相识的路人，渐渐变成了我们的姊妹，每次到了戏的结尾要说再见的时候，都有些不舍，仿佛离别的友人很久才能再相见。对于她们身上或可贵、或可恶的一些优缺点，也从开始的爱憎分明，慢慢变得模糊不清。终于明白，她们之所以可爱，就是因为她们都是有血有肉的普通人，有着和我们一样的喜怒哀乐，有着我们所有的弱点，会犯我们所犯的错误。于是，笔下渐渐变得柔软起来，因为对象已经不是陌生的路人，而是我们自己的姊妹。

她们是四个普通女人，也是四个超级幸运的女人。走在纽约的街头，从四面八方前来闯天下的女孩很多，多数人只能寻得一份普通的工作、租一间简陋的公寓、嫁一个普

通的男人。能像戏中四姊妹一样从底层走到上层的不多，更不要说每天出没于时尚场所、买得起最好的鞋子和最贵的包包，并且拥有这个城市中顶尖出色的男人来献殷勤。巨大的钻戒、梦幻的婚礼、连钻石王老五都能浪子回头变得忠贞不渝！其实《欲望都市》是在女人们的心中塑造起一座海市蜃楼，明知道它虚幻，却又忍不住让人想往里钻，甚至沉醉。

看到这部戏的幕后花絮，令我印象最深的是——幕后团队如何费尽苦心搜遍纽约的每一个角落、为剧中女主角挑选每一个场景中合适的衣服和配饰，我了解那绝不是我们个人靠着自己的力量、在日常的穿衣打扮中所能达到的，所以不必羡慕，也不必遗憾。

还有一个印象深刻的场景——拍摄接近尾声的时候，剧中每一个演员所表达出的依依不舍，相信那一刻他们的不舍都是真的，因为我同样感受到了曲终人散。其实，无论是剧中的演员还是作为观众的我们，内心都很清楚，走出《欲望都市》，就是走出了海市蜃楼，将要重新面对的，仍是现实世界，所以明知梦无论做得有多长，终归有要醒的时候，还是希望它久一些、再久一些……

N.Y

曼哈顿区域图

上西城
中央公园
上东城
皇后区
哈德逊河
中城
东河
雀儿喜
肉品包装区
格拉莫西区
熨斗大楼区
西村
格林尼治村
东村
下东城
苏活区
小意大利
新泽西
金融区
中国城
布鲁克林

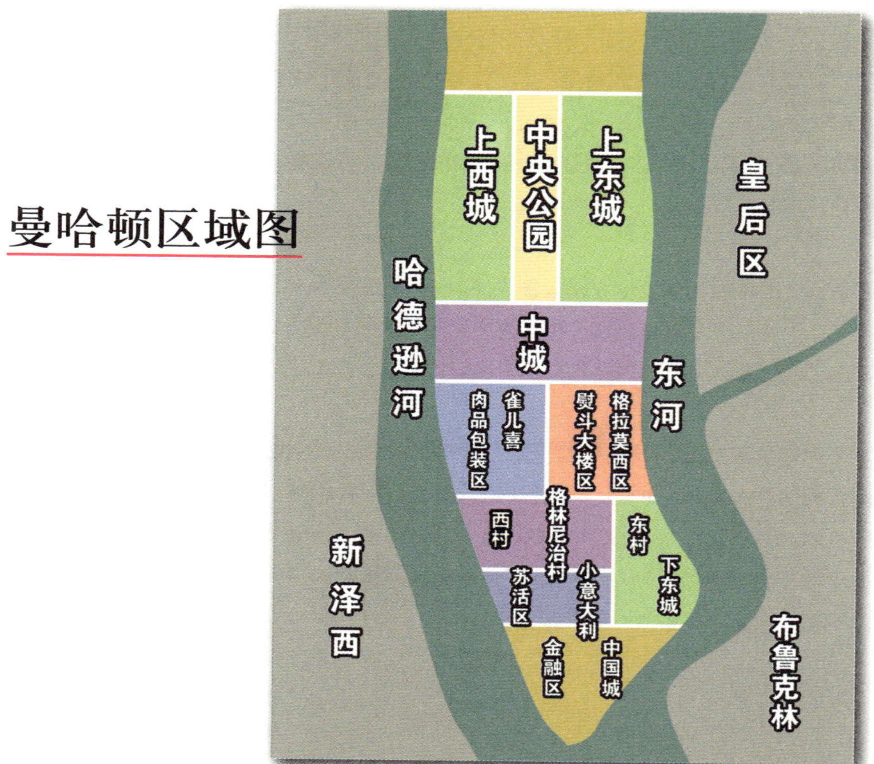

contents

目 录

N.Y

FOOD

纽约**不可不吃**的小玩意

欲望四姊妹最爱的冰淇淋、巧克力蛋糕、甜甜圈、贝果、布朗尼、杯子蛋糕、热狗、比萨、起司蛋糕，各是哪一家的？这些甜点和咸点都很有纽约代表性，一定要尝尝哦。

Tasti D·Lite 冰淇淋

夏绿蒂向老公Harry撒娇，希望天天都能来这里吃冰。

（**详细介绍请见**Upper West Side**上西城**）

Payard Patisserie & Bistro巧克力蛋糕

（现已改名叫FP Patisserie）

米兰达疯狂想吃Payard Patisserie & Bistro巧克力蛋糕，填补缺乏伴侣的空虚。

（**详细介绍请见**Upper East Side**上东城**）

Krispy Kreme甜甜圈

米兰达和节食伙伴Tom完全无法抗拒这家的糖霜甜甜圈。

（**详细介绍请见**Midtown**中城**）

◀ H&H Bagels 贝果

凯莉曾带着这家号称纽约No.1的贝果探望脖子扭伤的米兰达。（可惜已经关门大吉，建议尝尝高人气的Ess-a-Bagels）

（详细介绍请见Midtown中城）

▲ City Bakery 布朗尼

（店家已停产布朗尼，强打巧克力碎片饼干，自认更胜一筹。）

莎曼珊禁不住City Bakery的布朗尼（Brownie）诱惑，自愿当米兰达儿子的保姆。

（详细介绍请见Gramercy格拉莫西&Flatiron District熨斗大楼区）

▲ Magnolia Bakery 杯子蛋糕

凯莉和米兰达盛赞这家是全纽约最好吃的杯子蛋糕。**（详细介绍请见West Village西村）**

▶ Gray's Papaya 热狗

出租车女司机载刚刚发表新书的凯莉到这家热狗店庆祝。**（详细介绍请见West Village西村）**

▲ Two Boots 比萨

凯莉和米兰达吃不惯生冷的食物，赶紧换到最爱的 Pizza店饱餐一顿。**（详细介绍请见West Village西村）**

◀ Junior's 起司蛋糕

凯莉和Mr. Big公证结婚后，和好友们齐聚在以起司蛋糕闻名的这家餐厅用餐。

（详细介绍请见布鲁克林Brooklyn）

 N.Y

FASHION

欲望四姊妹的**缤纷行头**

欲望四姊妹总是穿戴亮丽，行头让人目不暇接，剧中特别关注的衣服、包包、鞋子、配件，各自分散在纽约哪些地方呢？我们先在这里分门别类整理一下，进入各区之后有详细介绍哦，了解各家名牌的故事和设计师背景，逛起街来更有趣了呢！

▶ 服 装

夏绿蒂第一次结婚穿的Vera Wang 婚纱。（Upper East Side **上东城**）

凯莉为了免费得到D &G服饰，接受他们的走秀邀约。（Upper East Side **上东城**）

莎曼珊为诱惑史密斯不惜花重金买下La Perla性感内衣。（Upper East Side **上东城**）

夏绿蒂为和领养小孩的父母见面，特地去Chanel买衣服。（Upper East Side **上东城**）

凯莉在逛Diane Von Furstenberg服装店时，打电话向莎曼珊宣告喜讯。（Meatpacking District**肉品包装区**）

莎曼珊和青少年偶像麦莉·赛勒斯（Miley Cyrus）同穿Matthew Williamson America名牌走红地毯。（Meatpacking District**肉品包装区**）

夏绿蒂挑选性感内衣的地方是造型师Patricia Field的服装店。（East Village **东村**）

凯莉想让男友Berger接受名牌的洗礼，带他去逛Prada。（SoHo **苏活区**）

包 包

莎曼珊假刘玉玲之名，想插队得到爱马仕Hermès柏金包。（Upper East Side **上东城**）

凯莉掉进中央公园湖里时拿着Christian Dior包包。（Midtown**中城**）

凯莉送助理Louise的圣诞礼物——Louis Vuitton火鸟包。（Midtown**中城**）

鞋 子

凯莉为了向Mr. Big浪漫道别，特别买了双“红底鞋”Christian Louboutin。Mr. Big向凯莉求婚时为她穿上了Manolo Blahnik高跟鞋。（Midtown**中城**）

凯莉为了“解救脚踝脱离无聊生活”大买名牌Jimmy Choo。（West Village**西村**）

配 饰

Trey送给夏绿蒂的定情礼物Cartier表。（Midtown **中城**）

经过第五大道的Tiffany时，Trey为夏绿蒂买结婚戒指。（Midtown**中城**）

《欲望都市》配件造型师Alexis Eittar的店。（SoHo**苏活区**）

百货公司

夏绿蒂在Barneys巴尼百货体验盲人不便，凯莉却迷失在鞋区。（Upper East Side **上东城**）

热爱时尚的凯莉，曾在Bloomingcale's布鲁明岱尔百货工作。（Upper East Side **上东城**）

欲望四姊妹为同志好友选购结婚礼物的Bergdorf Goodman波道夫古德曼百货。（Mictown**中城**）

凯莉趁陪审团午休时间，奔向Century 21百货慰劳自己。（Financial District **金融区**）

N.Y FASHION WEEK

《欲望都市》电影中的纽约时装周在布莱恩公园举办，现已转移阵地到林肯中心。

全球流行时尚焦点
纽约时装周

《欲望都市》电影版第一集中，莎曼珊邀姊妹们盛装看秀的场合就是有名的“纽约时装周”（New York Fashion Week），身处纽约这个时尚天堂，一起来了解一下这场美丽缤纷的时髦盛事是何时何地举办的。（感谢纽约友人Larry & Phoebe提供图片）

1943年，由于受到第二次世界大战影响，美国时装界人士没办法到法国看秀，于是媲美巴黎时装周的“纽约时装周”便在美国应运而生。1993年，纽约时装周开始在布莱恩公园（Bryant Park）举办，伸展台被安置在一个大大的白色帐篷里，就如同2008年所拍摄的《欲望都市》电影版第一集中出现的样貌。（详细介绍请见Midtown中城）而从2010年9月举办的“2011纽约春夏时装周”开始，改由林肯中心（Lincoln Center）接棒，艺术中心摇身一变成为曼哈顿的时尚心脏。（详细介绍请见Upper West Side上西城）

想要一睹纽约时装周风采的姊妹们，可将行程安排在2月或9月。

享有盛名的纽约时装周，与巴黎、米兰、伦敦时装周并称全球四大时装周，每年举办两次，2月为当年秋冬时装周，9月为次年春夏时装周。从2001年起，纽约时装周一直得到梅赛德斯—奔驰汽车公司的冠名赞助，因此又被称为“梅赛德斯—奔驰纽约时装周”。（Mercedes-Benz Fashion Week），为期一周的举办期间约有250场秀，每年吸引观众逾23万人次，为纽约创收约16亿美元。

《欲望都市》女主角们在剧中看的服装秀，就是Vivienne Westwood这个知名英国品牌。

SJP

莎拉·洁西卡·帕克**的SJP鞋**

引领时尚的《欲望都市》女主角莎拉·洁西卡·帕克（Sarah Jessica Parker），2014年推出了以她名字缩写为名的女鞋品牌：SJP。在剧中疯狂迷恋Manolo Blahnik名牌鞋的她，终于达成和Manolo Blahnik品牌合作卖鞋的心愿，谈到自己的设计理念，她说灵感多来自小时候常戴的缎带发饰或者《欲望都市》当中的衣橱，设计时一直是以永恒、不褪流行的概念去发想。

身为爱鞋狂，她觉得主人应该要跟鞋子有互动，所以她喜欢替鞋子取名，因此SJP鞋中就有以《欲望都市》造型师Patricia Field为名的“Pat boot”等。

SJP价位约在350到695美元之间，由美国连锁百货Nordstrom独家贩售。
曼哈顿Nordstrom Rack Union Square
地址： 60 East 14th Street
网址： http://shop.nordstrom.com/c/all-sjp-sarah-jessica-parker

各种款式的SJP鞋。

ACCOMMODATION

纽约的住

说到住，谁都希望能住在交通方便的地方，所以一定会从曼哈顿热闹地区找起，但只要离地铁站近的旅馆，价格就很疯狂。抓个非旺季也非淡季的平均房价，四通八达的5颗星广场饭店The Plaza Hotel，双人房一晚600~700美元起跳。而Comfort Inn、Holiday Inn这种两三颗星的双人房一晚200~300美元，曼哈顿就是有本钱拿乔。

尽管也是有一晚不到100美元的旅馆（多为背包客住宿点或位置偏僻），但我们认为安全考虑还是得放第一，对于那些便宜却感觉危险的地方，是完全不列入考虑范围的，尤其是在同行者中无人可当保镖的情况下，哈哈！

我们的住宿四要件：环境安全（晚点回家不至于害怕）、交通方便（舍不得把宝贵时间拿来通勤）、房间干净（人要健康才能趴趴走啊）且价格合理（谁不想呢？）。几经比较后，推荐靠近中央车站的3颗星旅馆Pod 39，以及靠近时代广场的3颗半星旅馆Yotel。平均说来，Pod 39双人房一晚150~200美元、Yotel双人房一晚180~250美元，虽说不算便宜，但在中央车站和时代广场附近，叫作划算，因此也令人好奇它为什么是这种价格。

原来，它们的特色就是靠省空间来压低房价，类似日本的“胶囊型旅馆”，其中Pod 39的上下铺房型小到跟火车卧铺有得一拼，尽管如此，它还是抢手得不得了，因为纽约游客都知道曼哈顿寸土寸金，势必要做些妥协，只要地点好，以小空间换取低房价还求之不得呢！

Pod 39 Hotel

地址：145 E.39th St.（between Lexington Ave.& 3rd Ave.）

电话：（212）865-5700

交通：地铁4、5、6、7、S线到42nd St/Grand Central站

价格：平均说来，双人房一晚150~200美元，淡季有时低于100美元，旺季有时高到近300美元，还要再加15％左右的税。不含早餐。

地点介绍：Pod 39距离中央车站步行6~8分钟，来往机场、坐地铁到各个景点，都非常便利。在中央车站与Pod 39之间，有多间中西餐馆、服装店、大小超市，采买生活用品也很方便。

虽然旅馆房间小到令人开了眼界，基本上就是满足一个睡觉的功能，但是它2012年重新翻修，装潢新颖，各项配备也都很现代化，上下铺各配有一台电视，可免费上网、插座设计充足，符合现代人使用多样电子产品的需求。除了单人房是两间共享一个浴室之外，其余房型都有独立浴室。

选择Pod 39，就是牺牲空间，换取升级的设备和方便的环境，以它受欢迎的程度来看，超小却精巧的旅馆似乎更符合每天早出晚归的纽约游客需要。

网址：www.thepodhotel.com/pod-hotel-locations/pod-39/

Yotel New York at Times Square

地址： 570 Tenth Ave.（West 42nd St.）

电话：（646）449—7700

交通： 地铁A、C、E 到42 St-Port Authority Bus Terminal站

地铁7、7X 到Times Sq-42 St站

价格： 平均说来，双人房一晚180~250美元，淡季120~180美元，旺季有时高到300多美元，还要再加15％左右的税。早餐免费提供茶、咖啡和蛋糕。

地点介绍： 如果住宿预算再高一点，可以考虑位于时代广场的Yotel，这间堪称是Pod 39的升级版。离时代广场大约5分钟路程的Yotel New York at Times Square，方便程度不必多说，有人形容进入这家旅馆就仿佛钻进了一个大型的iPod，可想而知它的风格了吧。

和Pod 39同样走小巧路线，但Yotel造型更炫、空间更大一些，房型种类也更多，有可以赏景的房间，也有大型的VIP套房，还有一张大床配合一组上下层儿童床的家庭房型。Yotel非常强调现代化设备，设计概念参照飞机头等舱，有配合iPod功能的音响设备、无人操作的全自动存取行李装置，让人耳目一新。上网免费，拨打北美地区电话也免费。

网址： www.yotel.com/Hotels/New-York-City

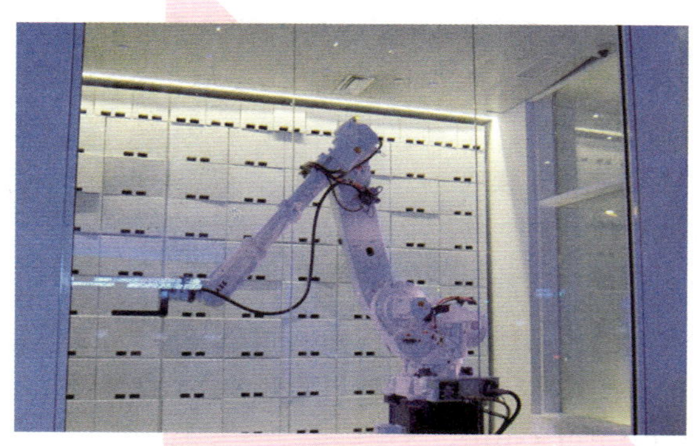

HelloNYC纽约民宿

位在纽约布鲁克林下城区，邻近纽约大学NYU-Poly校区，在曼哈顿岛的对岸河边，地铁五分钟可抵Manhattan downtown，交通方便。HelloNYC纽约民宿提供三种房型选择（此外，在上西城也有一种房型）。

网址： www.hellocities.net/homepage/hellonyc/hellonyc-housing.php

民宿主人是“HelloCities品味城市深度旅游网”站长Kent夫妇，旅居纽约多年，他们非常乐于提供给房客贴心旅游咨询服务及建议。

皇后区多家华人民宿

若是基于预算考虑，也可以考虑住在与曼哈顿有地铁相连的几个皇后区区域，像Rego Park（雷哥公园）、Elmhurst（艾姆赫斯特）、Forest Hills（森林小丘）和Flushing（法拉盛）等地。这些地方有多间华人开设的民宿，已经用心经营多年，口碑不错。

住皇后区的优点是价格公道，通常双人房一晚不到100美金，如果住在华人大本营法拉盛，生活确实很便利。但缺点就是每天要花比较长的时间搭乘地铁往返曼哈顿景点和住处，而且为了安全，在曼哈顿也不宜混到太晚，尤其是没有男性友人同行，住宿地点的治安问题更是考虑重点。

皇后区Rego Park民宿： 纽约心 www.wretch.cc/blog/aup6m3

皇后区Elmhurst民宿： 纽约小猪窝 nyc9229.pixnet.net/blog

皇后区Forest Hills民宿： 纽约沙发客 tw.myblog.yahoo.com/tc_sublet

皇后区Flushing民宿： 纽约汇客来 www.taiwanesehouse.url.tw
来来客居 lailaihostel.yolasite.com/
法拉盛温馨民宿 www.jackiefan.com/near.php

纽约地铁站里楼梯上上下下，拖着大行李非常困扰。

从机场到旅馆，最好不要坐地铁

进入纽约主要有3座机场，位于皇后区（Queens）的有2个，分别是停靠国际线的肯尼迪国际机场（John F. Kennedy International Airport，简称JFK）和停靠美国国内线的拉瓜迪亚机场（La Guardia Airport，简称LGA），另外在新泽西州（New Jersey）还有1个纽瓦克国际机场（Newark Liberty International Airport，简称EWR）。

不管抵达哪个机场，都有很多方式进入市区，包括New York Airport Service（机场巴士）、Super Shuttle（机场接送专车）、Taxi（出租车），还有靠MTA Bus（摆渡巴士）或Air Train（机场电车）再接地铁。但就我们的经验，不要考虑地铁，因为在拿着大行李的状况下，在层层楼梯的地铁站里上上下下，非常困扰，纽约的地铁以楼梯为主（除了极少数坡度三层楼高的有手扶梯），它是市区观光的最佳交通选择，但不是从机场到旅馆的好选择。

另外3个方案视情况而定。如果住在Grand Central（中央车站）、Port Authority（巴士总站）、PennStation（宾州车站）这3个地点附近，那就不必考虑了，坐航站外的New York Airport Service（机场巴士），每15~30分钟一班，既方便又便宜。从JFK坐，单程16美元；从LGA坐，单程13美元；从EWR坐，单程17美元（小费随意）。

如果不是住在以上那些地点附近，可以选择坐满一车就开动的Super Shuttle（机场接送专车）。坐这个车的好处是每组人马都可以直接坐到各自的旅馆门口，但缺点是为此可能要多绕路，会绕多久就看个人运气了。1人单程费用23美元（小费另计），可先在网上预约，或在行李转盘附近的Ground Transportation交通信息台询问预约。**网址**：www.supershuttle.com

如果同行有两个人以上，我们建议坐出租车，而且是华人经营的新金马电召车，他们服务好，而且比机场排班出租车便宜不少。以从JFK坐车为例，机场排班出租车到曼哈顿市区是52美元（以前45，2012年7月调涨），加上过路费、行李件数费、小费，为68~70美元。新金马电召车以ZIP Code（邮政区码）计价，可先致电（718）762-8888或（718）358-9898询价，至少比排班出租车便宜10美元，要搭乘的话最好一下机就电话叫车，节省等车时间。**网址**： www.car888.com

地铁是市区观光最佳选择，但不是机场到旅馆的好选择。

大多数地铁站是以Uptown和Downtown区分往北和往南方向。

只要地铁路线图在手，没有到不了的知名景点。

搭地铁不出错，先注意3件事

曼哈顿塞车严重、停车困难，最好不要开车，还是搭乘地铁方便，只要地铁路线图在手，没有到不了的知名景点。纽约地铁有24线（V线和W线已于2010年取消），包括红线（1、2、3）、蓝线（A、C、E）、橘线（B、D、F、V）、黄线（N、Q、R、W）、深绿线（4、5、6）、浅绿线（G）、紫线（7）、棕线（J、M、Z）、灰线（L）、银线（S），看似错综复杂，但是只要掌握3件事，就不会坐错。

1. 纽约很多地铁站会以Uptown（上城）和Downtown（下城）区分方向，可不要想成目的地在上城还是下城，而是以自己为中心，看这趟要北上还是南下，大多数地铁站往南往北的月台可互通，但少数地铁站走错方向就得出站，再从路面上找反方向地铁站下来，所以进站前就要确定。

2. 到了没有分Uptown和Downtown的地铁站，就要先知道是往这条线的起站还是终点方向，否则车号对了但搞不好是反方向的。

3. 请看清楚来的车是不是Express（快车），一般车是圆形标志，快车是菱形标志。如果目的地也是快车会停的站，节省时间当然很好，但是如果目的地是快车跳过的站，就会眼睁睁看着过站不停，所以车号对了也不能随便上，先研究一下地铁图，快车只停白点的站，黑点的站都跳过。

不过不小心搭成反方向也不必惊慌，大部分的站，下车后就换到对面坐回头就好，反正车次频繁，站内转搭也不需再花费。如果不在对面，只要遵照指针，都会很清楚的。纽约的地铁站只有进站要刷卡，出站是不必刷卡的，所以不用在出口一直找刷卡的地方。

7-Day Unlimited Ride MetroCard一周无限搭乘票卡，是游客最普遍的选择。

身在纽约，非买MetroCard不可

在纽约搭地铁是不论远近，每一趟都是2.5美元，也就是说只要不出地铁站，不管转几次车，都是这个价钱。任何地铁站的自动售票机都可以买到地铁票卡MetroCard，用现金或信用卡付款都可以，机器有多种语言选项，中文操作也OK。

MetroCard有两种，一种叫作Pay-Per-Ride MetroCard计次票卡，它是按次数扣费的，使用这种票卡每次只扣2.25美元，不是扣正常的2.5美元，当然比买单次划算。而且这种票买10美元加送0.7美元回馈，例如买20美元的票，价值是21.4美元，以此类推。计次票卡可以购买的面额从4.5美元到80美元，适合不需太密集搭地铁的族群。

另一种叫作Unlimited Ride MetroCard 无限搭乘票卡，像我们这样到处逛的游客，绝对是买这种更值得，它还有分 7-Day 的一周无限搭乘票卡（29美元）和30-Day的一个月无限搭乘票卡（104美元）两种，基本上会密集搭乘4 天的游客买一周票卡就够本了。顺带一提，以前还有卖一日无限搭乘票卡，但现在已经取消了。

如果买了地铁无限搭乘票卡，也可以无限搭乘单程2.25美元的普通公交车，但它不能使用在单程5.5美元的快速公交车（Express Bus）、往JFK机场的机场捷运（AirTrain），以及往新泽西（New Jersey）的PATH。

对了！用无限搭乘票卡要特别注意一件事，就是两次刷卡至少间隔18分钟，这个限制的原意在避免多人共享一张卡，可是已经刷了卡才发现走错站，想紧接着再刷正确的站就进不了了，必须等18分钟后才能使用。如果很赶时间的话，只好花2.5美元买一张单程Single Ride刷进。

曼哈顿棋盘路，规则中有不规则

曼哈顿的街道是经过仔细规划的，所以能呈现井然有序的棋盘状设计，但规则中也有不规则，挺有意思的。

纵向的路叫作Avenue（大道），例如鼎鼎大名的5th Avenue （第五大道），基本上曼哈顿的东西区域之分，就是以第五大道为界。

大道由东到西，从第一大道排到第十二大道，不过请注意，没有第四大道，在第三大道与第五大道之间，夹着3条不用数字命名的大道：Lexington Avenue （莱辛顿大道）、Park Avenue （公园大道）、Madison Avenue （麦迪逊大道）。

此外，第六大道又被正式命名为Avenue of the Americas （美国大道）、第七大道又被称为Fashion Avenue （时尚大道），不过这两个大道的新名称使用不普遍，纽约人还是习惯说数字。而第九大道、第十大道、第十一大道，在过了59街之后，分别改叫Columbus Avenue（哥伦布大道）、Amsterdam Avenue（阿姆斯特丹大道）、West End Avenue（西边大道）。

横向的路是Street（街），例如有时代广场和中央车站坐落的热门观光街42th Street （42街）。街由南向北，从1街排到218街。不过这个1街并不是从曼哈顿最南端开始，而是从Houston Street 以北才开始算起的，因为苏活区、中国城、金融区这些地方的路没有规律，不是棋盘状，所以就各自命名了，像中国城最繁华的坚尼街（Canal Street），还有全球知名的华尔街（Wall Street）。

曼哈顿最不安分的一条路，叫作百老汇（Broadway），它是一条贯穿南北的斜路，难怪不能用Avenue也不能用Street来规范，只能用自成一格的way。因为倾斜，它一路上和Avenue与Street不时有交会，发展出好几个著名区块来，称为Square，最有名的就是Times Square（时代广场）了。

Broadway是斜路，不Avenue也不Street，难怪用自成一格的way。

“欲望都市巴士团”天天出团，一天两个班次。

欲望都市**巴士团**

在中城的Plaza Hotel广场饭店门口，也就是Apple旗舰店对面，每天上午11:00和下午3:00这两个时间，都会出现一辆车身上画着电影胶卷图样的大巴士等着载客。这，就是鼎鼎大名的“欲望都市巴士团”（Sex and the City Hotspots Tour），团里有解说生动的导游，播放着《欲望都市》的精华片段，带领乘客进行3个半小时的热门景点之旅。

“欲望都市巴士团”的催生者布劳（Georgette Blau）是一位超级戏迷，她在1999年创立了“场景之旅公司”（On Location Tours），专门带游客参观纽约知名电影电视景点，颇受影迷们喜爱，但毕竟是小众路线，业绩还不算太出色。真正生意大好，全是拜两年后的“欲望都市巴士团”所赐。

2001年，当《欲望都市》第4季播到一半时，布劳找出凯莉的公寓等30个拍摄地点，推出了“欲望都市巴士团”，结果大受欢迎，车车爆满，即使影集播完，巴士团也没有退烧，甚至因为来自世界各地的影迷愈来愈多，参加人数一直在持续增长，从一开始的一周4团，到现在是每天2团，也就是一周14团。

On Location Tours**场景之旅公司网站**：www.screentours.com/

上车地点在中城的The Plaza Hotel，这里也是剧中景点。

导游在行程中会播放《欲望都市》景点的剧情。

巴士团最后一站是中城的HBO纪念商品。

如何参加?

1. 价格： 每人49美元（票价46美元+税金3美元）。需要事先预订，请上《欲望都市》巴士团所属的"On Location Tours"场景之旅公司网站，或其订票网站Zerve：www.zerve.com/OnLocation，订票事宜询问电话（212）913-9780

2. 出团时间： 天天出团，每天都有上午11:00和下午3:00两班选择。请注意如果报名上午团，冬天旅游淡季时期可能因为人数不足，而被并入下午团，建议前一天主动与"On Location Tours"场景之旅公司联系，询问电话：（212）683-2027

3. 全程所需时间： 3.5小时。第一团上午11:00到下午2:30、第二团下午3:00到晚上6:30。

4. 集合地点： 中城的Plaza Hotel广场饭店，地址768 5th Ave.（between 58th St. & 59th St.），巴士停在饭店门口的第五大道上。

5. 如何到达集合地点： 乘坐地铁E、M到5 Av/53 St站、或地铁F到57 St站、或地铁N、Q、R到5 Av/59 St站，再步行前往广场饭店。

6. 解散地点： 中城的HBO纪念商品店，地址1100 Avenue of the Americas（between 42nd St. & 43rd St.）。

全程游览重点

“欲望都市巴士团”从中城出发，一路行经熨斗大楼区、肉品包装区、西村、格林尼治村、东村、苏活区，最后回到中城。在精心安排下，沿途会经过将近40个拍摄地点，集合的广场饭店本身就是第1个景点，这里是凯莉忍痛向刚刚和Natasha订婚的Mr. Big表示祝福（事实上是想问个清楚）的地方。

如果忘记剧情，会不会无法融入这些拍摄地点呢？别担心！不但有专业导游沿途解说，还准备好各个片段播放，唤起大家的记忆，一路上导游还会和团员互动问答，像是“你觉得自己最像哪位女主角？”“莎曼珊向Richard泼酒时说了什么话？”（答案：Dirty Martini? Dirty Bastard.）同好们共聚一车，笑声不断。

不过，基于行程只有3个半小时，时间非常有限，大部分的景点像是Trey带夏绿蒂买结婚戒指的Tiffany珠宝店、凯莉苦等新郎等不到的纽约市立图书馆（the new york public library）、莎曼珊泼Richard一脸Martini的Sushi Samba 7餐厅、Aidan的家具店Furniture Company、凯莉带男友Berger去逛的Prada等，都是坐在车上路过而已。

团员参观Mr. Big和凯莉举办婚前晚宴的Buddakan餐厅。

真正下车参观的只有4个景点，包括了夏绿蒂发现“Rabbit”的情趣用品店The Pleasure Chest、Mr. Big和凯莉举办婚前晚宴的Buddakan餐厅、凯莉和米兰达最爱的杯子蛋糕店Magnolia Bakery，还有Steve和Aidan合开的酒吧Scout（实际店名叫Onieal's）。原本巴士团也会停留凯莉的公寓，但自从附近住户抗议后，已经取消。

这趟行程是没时间参观剧中的鞋店、服装店的，不过小吃小喝少不了，在Magnolia Bakery停留时，可以享受杯子蛋糕配咖啡，特别一提，这个“欲望都市巴士团”很贴心，会送每位团员一个免费的杯子蛋糕哦。接下来到Onieal's酒吧，就是来一杯欲望四姊妹最爱的Cosmopolitan的最好时机了，点酒是自费，一杯9美元。

巴士团的最后一站是HBO纪念商品店，里面有《欲望都市》的T恤、帽子、酒杯、咖啡杯，以及影集和电影的书和DVD等，有些T恤上很有趣，譬如 Mr. Big那句：“AbsoXXXXXXXlutely！”有兴趣可以收藏。参加巴士团会拿到一些景点折价券，像是剧中配件造型师Alexis Bittar的店、凯莉趁陪审团午休时间狂逛的Century 21名牌折扣百货、Mr. Big为凯莉献唱的Da Marino意大利餐厅。

如果纽约行时间非常有限，参加“欲望都市巴士团”是能在短时间捕捉到欲望四姊妹的玩乐氛围，但意犹未尽的咱们欲望两姊妹，是不会就这样在纽约善罢甘休的，我们不但要重回巴士团走马看花的地方再亲自感受，还要仔细搜索对照剧情得来的上百个拍摄地点，好好咀嚼品味。

在Onieal's酒吧来一杯欲望四姊妹最爱的Cosmopolitan。

WOODBURY OUTLETS
名牌折扣**商场**

这个名牌折扣商场虽然距离曼哈顿需要一个多小时的车程，但真的打算“下手”的话，这里绝对值得花一整天来逛逛。每天都会吸引大批购物人潮的Woodbury Common Premium Outlets，拥有200多家品牌，包括Burberry、Dior、Gucci、Prada等（没有LV，Chanel在2010年底已关），其中“美国纽约本土名牌”Coach是公认最划算的，店里随时都有7折到5折的折扣，打折后包包价格在99~250美金，算算几乎是亚洲Coach的三分之一，所以店里永远人山人海。

498 Red Apple Court ,Central Valley, NY 10917

(845) 928-4000

www.premiumoutlets.com

（1）可到时代广场附近的巴士总站Port Authority Bus Terminal搭车（42th St. 和8th Ave.交接处），2楼有前往Woodbury Outlets的售票窗口，来回车票一人42美元（包括10美元Coupon和用餐折价券），网上预订为35美元。

（2）推荐搭乘东方旅游购物快车 Eastern Bus Service, Inc. 公司地址：136-18 39 Ave. Flushing，咨询电话：718-358-6666/718-458-8888。

法拉盛上车地点：136-12 39 Ave.（Chase Bank侧门）。发车时间：9:30am/10:30am，回程时间：5:30pm/6:30pm，来回价格30美元。此外，在唐人街和皇后区也有上车地点。

Central Park

01 中央公园

东南角出入口Grand ArmyPlaza大军广场：为纪念美国南北战争（1861-1865年）而兴建，雕像是北方将领William Sherman雪曼将军，前方带领的是胜利女神。

中央公园西南角出入口Maine Monument船舰纪念碑：为纪念美西战争（1898年）中被西班牙击沉的美国船舰Maine缅因号，雕像代表胜利、和平、勇气、坚毅和正义。

中央公园什么都好，就是入夜之后危险性很高，所以游客只能在白天玩耍，天色渐暗前一定要离开。如果想要多游走一些景点，安排“两个白天”来逛也是不错的，西半边与“上西城”景点一起游览，东半边与“上东城”景点一起游览，如此不但安全，行程内容也更丰富多样。

拥有“全世界最有名城市公园”美誉的中央公园，根本就是个“超级大片场”，太多电影和电视剧在这取景，让人可以一边闲晃、一边回味许多剧情，当然很多景点也融入了《欲望都市》（*Sex and the City*）的故事情节，更加让我们兴奋，这里绝对是一到纽约就该立刻冲来的地方，真正的片场要参观不容易，而这里可是不需申请又完全免费的哟。

中央公园位于纽约Uptown的中央，左右各与UpperWest Side和Upper East Side相连，最南在59th St.，最北在110th St.，南北长4公里；最东在5th Ave.，最西在CentralPark West，东西宽800公尺。游客通常从西南角“船舰纪念碑”（Maine Monument）或东南角“大军广场”（Grand Army Plaza）进入公园，由西南进入可搭地铁1、A、B、C、D到59 St-Columbus Circle站；由东南进入可搭地铁N、Q、R到5 Av/59 St站。

公园内有170多处景观，可选择坐马车、坐人力车、骑脚踏车或步行几种方式游览。马车的乘坐地点在公园的东南角，人力车和脚踏车在公园的西南角，或是临近公园的58th St.也有一些出租点，价钱可以商量。另外公园内的船屋餐厅也可以租脚踏车，这些搭乘的价格和时间，内文都有详细介绍。

中央公园网站：www.centralparknyc.org

N.Y 1 《欲望都市》经典景点

《欲望都市》中马车直奔医院的剧情令人印象深刻。

凯莉和Mr. Big搭乘中央公园游园马车（Horse Carriage Tour）浪漫道别

剧情：

Mr. Big要搬到加州去，临行前凯莉和他相约中央公园搭马车浪漫游园，正在依依不舍的道别时刻，米兰达突然来电表示她马上就要生产，Mr. Big请车夫载他们去医院，但车夫表示离开园区会被罚款，结果他立刻掏出400美金，马车便火速直奔医院。

出处：（第4季第18集）*I Heart NY*（中文版名：《离情依依》）

地点介绍：

除了《欲望都市》的马车剧情令观众津津乐道之外，在电影《穿越时空爱上你》（*Kate &Leopold*）里，女主角凯特（梅格·瑞恩Meg Ryan饰）在中央公园被歹徒抢走皮包，接下来的镜头是，来自19世纪的男主角莱伯特（休·杰克曼Hugh Jackman饰）抢了游园马车的白马，狂奔追贼。哈哈！两部戏的编剧都将这“马车戏”玩到淋漓尽致。中央公园的游园马车（Horse Carriage Tour）被视为纽约最具代表性的观光象征之一。由于马车分属不同公司，计价方式也略有不同。通常20分钟车程约50美元、1小时车程约130美元，之后每增加10分钟再加20美元（乘坐时间越长越有讨价还价的空间），小费为15％~20%。（这是以车计费的价格，一车约可乘坐4个大人）

游园人力车（Pedicab Tour）也很热门，若想在较多景点停车拍照，人力车的弹性比马车大（但也有所管制，不是随处可停）。游园路线可和车夫商量，时间和价格也可讨论，通常1小时车程约100美元，小费为15%~20%。（这是2人乘坐的价格，只有1个人或加第3人价格会再调整。）

由于中央公园实在太大，若以人力车代步逛完整个公园，大概需要4小时。如果想要以走路方式一次逛完，大概需要一整天，不过请注意，为了安全起见，天色渐暗前一定要离开，中央公园是只适合白天来的地方。

地址：中央公园东南角，5th Ave.与59th St.交界处

交通：地铁4、5、6、6X到59 St站
地铁N、Q、R到5 Av/59 St站
地铁F到57 St站

红叶相伴的盖普斯托拱桥景致太美了。

凯莉和Aleksandr在盖普斯托拱桥（Gapstow Bridge）吃巧克力调情

剧情：

凯莉和Aleksandr在中央公园Gapstow Bridge甜蜜约会，旁若无人地吃巧克力调情，凯莉感觉自己真的恋爱了，而且，她的完美情人终于出现了。

出处： 87集（第6季第13集）*Let There Be Light*（中文版名：《完美情人》）

地点介绍：

如果从5th Ave.与59th St.的入口进入公园，不久就能看到这座建于1874年的盖普斯托拱桥（Gapstow Bridge）。它以弧度优雅著称，美丽随着四季变换各有巧妙，像图中这是11月的景致，色彩既丰富又柔和。Gapstow Bridge周围常见新郎新娘在拍照，也不时有剧组在拍戏的，此外，站在桥上拥有绝佳视野，在此拍摄到的The Plaza Hotel比站在饭店门口拍得还美。

地址：Eastern Side of Central Park at 62nd St.

交通：地铁4、5、6、6X到59 St站
地铁F到Lexington Av/63 St站
地铁N、Q、R到Lexington Av/59 St站

凯莉与法国建筑师Gilles约会的温室水域（Conservatory Water）和艾丽斯漫游奇境雕像（Alice in Wonderland Sculpture）

剧情：

凯莉与法国建筑师Gilles在此共度了一段浪漫午后时光，两人从温室水域散步到艾丽斯漫游奇境雕像，所经之处还有花瓣飞舞，难怪凯莉说她感觉自己像坠入了法国文艺大导演克劳德·雷路许（Claude Lelouch）的电影中。此导演最擅长拍摄缠绵悱恻的男女情爱片，且以影像风格唯美著称，经典名作有《一个男人和一个女人》（*A Man and a Woman*）、《偶然与巧合》（*Chance or Coincidence*）、《这样的爱》（*What Love May Bring*）等。

出处：第1季第5集The Power of Female Sex（中文版名：女性的权力）

地点介绍：

在温室水域（Conservatory Water）会看到很多小帆船在水上漂，出租遥控帆船的摊位就在旁边，租金30分钟20~30美元（价格视搭配购买的商品如T恤、帽子而有所不同），电影《精灵鼠小弟》（*Stuart Little*）中的帆船竞赛就是在此拍摄，电影《记住我》（*Remember Me*）男主角泰勒（罗伯特·帕丁森Robert Pattinson饰）也曾带妹妹来玩。

水域两旁分别有童话大师安徒生的雕像和艾丽斯漫游奇境雕像，坐在香菇上的艾丽斯，身旁永远都有一群乐翻天的小孩在攀爬，四周则是忙着帮孩子拍照的爸妈。

小朋友最爱攀爬艾丽斯漫游奇境雕像。

在温室水域玩遥控帆船是热门亲子活动。

📫: E. 74th St. & 5th Ave.
🚇: 地铁4、6、6X到68 St - Hurter College站
地铁4、6、6X到77 St站

凯莉和Mr. Big狼狈落水的船屋餐厅（The Loeb Boathouse）

剧情：

Mr. Big在电话中告诉凯莉他已离婚之后，两人相约在中央公园船屋餐厅见面。由于米兰达曾告诫凯莉："别让他吻你，那会是麻烦的开始。"因此当Mr.Big打算来个亲亲问候时，凯莉吓得赶紧闪开，结果一个重心不稳，两人双双掉进湖里。

出处：（第3季第18集）*Cock a Doodle Do*！（中文版名：《屋顶派对》）

地点介绍：

船屋餐厅（The Loeb Boathouse）依着中央公园内的The Lake而建，在19世纪60年代，这里是专门停靠船只的船坞，当时乘船游览中央公园是最时髦的活动，1954年银行家Carl Loeb投资改建，将它发展成现在船坞与餐厅合而为一的样貌。在此取景的电影相当多，像《当哈利碰上莎莉》（*When Harry Met Sally*）中，莎莉（梅格·瑞恩Meg Ryan饰）跟女朋友们边吃午餐边聊前男友的戏；还有在《27套礼服》（*27 Dresses*）中，这家餐厅一直是珍（凯瑟琳·海格尔Katherine Heigl饰）梦想中的婚礼地点，但被她妹妹捷足先登。另外可爱的《蓝精灵》（*The Smurfs*），也是在这初遇人类的哦！

餐厅提供租船服务，时间为10am~7pm，第一个小时12美元，之后每15分钟加3美元，押金20美元，每艘船最多乘载4人。

餐厅也提供租脚踏车服务，时间为10am-6pm，每小时9~15美元，一整天45~50美元，押金200美元。

地址：E. 72nd St. & 5th Ave.(Park Drive North)

电话：（212）517-2233

交通：地铁4、5、6、6X到59 St站
地铁4、6、6X到68 St-Hunter College站
地铁4、6、6X到77 St站

时间：**室内餐厅部分**
（周一到周五）午餐12noon~4pm
晚餐 5:30pm~9:30pm
（周六、周日）早午餐9:30am~4pm
晚餐6pm~9:30pm
室外酒吧部分
每天11am~11pm（4月~11月视天气状况而定）

网址：www.thecentralparkboathouse.com

凯莉邂逅Ben的毕士达喷泉（Bethesda Fountain）

剧情：

凯莉在与一连串"怪男人"约会后，对爱情颇感失望，想不到在这里遇到了也对与"怪女人"约会感到疲累的路人Ben，两人相谈甚欢、一拍即合，进而发展了一段恋情。

出处：15集（第2季第3集）*The Freak Show*（中文版名：《怪人秀》）

地点介绍：

毕士达喷泉（Bethesda Fountain）和毕士达露台（Bethesda Terrace）是中央公园有名的地标，电影《魔法奇缘》（*Enchanted*）、《一日钟情》（*One Fine Day*）、《赎金》（*Ransom*）和电视影集《绯闻女孩》（Gossip Girl）中都有它的身影，连权相佑、金喜善主演的韩国偶像剧《悲伤恋歌》（*The Sad Love Story*）也跨海来拍摄男女主角的相遇情节。

建于1873年的毕士达喷泉，名称取自圣经故事，故事中它是一座位于耶路撒冷的神奇医疗水池。仔细看，喷泉上穿着长裙的"水之天使"有着"拯救"的意义，传说当她飞过使得水面泛起涟漪时，第一个跳入水中的病人便能获得医治。而中段那四个可爱的小天使，分别代表"和平""节制""纯净"和"健康"。

Mid-Park on the North Side of 72nd St.
地铁A、B、C到72 St站

其他必游景点……

1

造型复古的奶制品游客中心
Dairy Visitor Center

地点介绍：

中央公园最主要的游客中心名为“奶制品游客中心”（Dairy Visitor Center），维多利亚农舍造型让人感觉像走进童话世界，这里最早是看护儿童的地方，后来一度成为牛奶供应站，不过1979年整修成为游客中心后，已不再供应奶制品，而是提供各种旅游信息和纪念品，所得收入全部用于公园的维护。我们在这里发现最有意思的周边商品是一把伞，它以“中央公园地图”为伞面，遮雨遮阳还兼具找路功能，真实用啊！

“中央公园地图伞”实用又有纪念性。

- Mid-Park at 65th St.
- 212-794-6564
- 地铁4、5、6、6X到59 St站
  地铁F到Lexington Av/63 St站
  地铁N、Q、R到Lexington Av/59 St站
- 每天10am~5pm

游客中心和礼品店以维多利亚农舍形式建造。

其他必游景点……

被高楼和树林包围的川普沃曼溜冰场。

金刚和美女共舞的川普沃曼溜冰场
Trump Wollman Rink

地点介绍：

电影《金刚》（*King Kong*）中，金刚与女主角浪漫共舞的经典镜头，就是在川普沃曼溜冰场（Trump Wollman Rink）拍摄。这里夏天是游乐场，到了冬天，每年的11月到来年的4月就变成溜冰场，是合家玩耍、情侣约会的好所在。电影《缘分天注定》（*Serendipity*）中，男女主角就是在此互道情愫。

溜冰费用：周一到周四，成人10.75美元、12岁以下儿童5.75美元。周五到周日，成人16美元、儿童6美元。这里也提供租溜冰鞋服务，每双6.75美元，租储物柜4.5美元，押金6美元（出场可退）。现场有各种程度的溜冰课程，详细内容与价格请参考网站。

- 地址：830 5th Ave. between 59th St.& 65th St.
- 电话：（212）439-6900
- 交通：地铁4、6、6X 到68 St - Hunter College
  地铁F到Lexington Av/63 St
  地铁N、Q、R 到5 Av/59 St
- 时间：周一、周二 / 10am~2:30pm
  周三、周四 / 10am~10pm
  周五、周六 / 10am~11pm
  周日 / 10am~9pm
- 网址：www.wollmanskatingrink.com

★ 中央公园五个游客中心

1. Dairy Visitor Center 奶制品游客中心，是最主要的游客中心，也是第1个。
2. Chess & Checkers House 棋奕中心（Mid-Park at 64th St.）
3. Belvedere Castle 眺望台城堡（Mid-Park at 79th St.）
4. Charles A. Dana Discovery Center 查尔斯探索中心（Inside the Park at 110th St. between 5th & Lenox Ave.）
5. Tavern on the Green 绿地客栈（West Side between 66th St. & 67th St.）。

电影《马达加斯加》里的中央公园动物园
Central Park Zoo

3

地点介绍：

动画电影《马达加斯加》（*Madagascar*）中，动物们就是从这间中央公园动物园（Central Park Zoo）离家出走、大闹纽约城的。尽管园区非常迷你，但展示的动物却包罗万象，而且设计规划巧妙，从热带雨林到冰雪南极，生活在不同气候环境下的动物都可以在这里看到。

动物园还安排许多表演，增加游客和小动物互动的机会，例如海狮、海豹和企鹅的喂食秀，时间表请参考网站。园内还有剧场、电影院、餐厅。旁边附设的儿童动物园（Tisch Children's Zoo）里主要是宠物型动物，"草泥马"这里也有哦！

一般动物园和儿童动物园门票通用，费用成人12美元；3~12岁儿童7美元；65岁以上年长者9美元；3岁以下儿童免费。

其他必游景点……

- East Side between 63rd St. & 66th St.，入口在5th Ave. & 64th St.交叉口
- （212）439-6500
- 地铁F 到63rd St/Lexington站
  地铁N、R、W到 59th St/5th Ave站
- 全年无休，关门前30分钟停止售票。
  夏季10am~5pm
  （周末和公休日延长到5:30pm）
  冬季10am~4:30pm
- www.centralparkzoo.com

中央公园动物园虽然小，但规划用心深受好评。

Balto是美国家喻户晓的名犬。

冰天雪地送药的狗英雄波图雕像
Balto

地点介绍：

1925年，致命的白喉传染病在阿拉斯加蔓延，医生们急需外地运来的药品以遏止疾病，但天降大雪，火车不通，唯一的一架飞机也无法起飞，只好考虑靠狗来运送。这段长达上千英里的行程，因暴风雪而困难重重，但这个英勇的狗团队最终完成了任务，其中负责领军的就是哈士奇与狼的混血犬“波图”（Balto）。

为了表达对这位狗英雄的敬意与谢意，10个月后它的雕像就被立在中央公园里，后来还被拍成动画电影《雪地灵犬》（*Balto*）。1922年出生的波图，1933年在克里夫兰动物园里去世，它的英雄事迹，美国人从小都知道，可以说是美国家喻户晓的名犬。据了解，波图也曾亲自到过中央公园跟它的雕像见面。

4

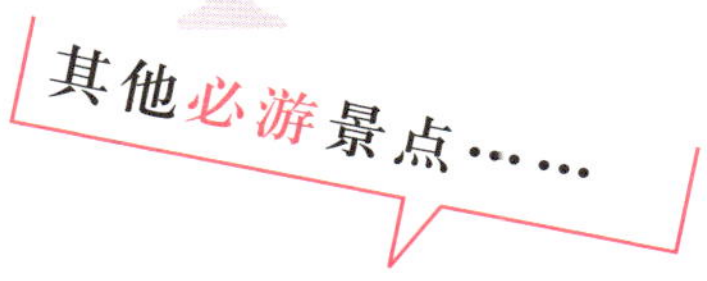

: East Drive at 67th St.

: 地铁4、6、6X到68 St - Hunter College站
地铁4、6、6X到77 St站

The Mall林荫大道 & Literary Walk文学步道。

其他必游景点……

5

散步看书最佳地点林荫大道和文学步道
The Mall & Literary Walk

地点介绍：

虽然叫作“Mall”，这个地方可与购物无关哟，它是一条通向公园中心毕士达露台的林荫大道，两旁种植了高大遮阳的美洲榆树，非常适合散步，看电影中纽约人很爱带着杯咖啡，坐在两旁长椅上看书，就让我们也来体验一下当地人的休闲方式吧。

林荫大道（The Mall）的南端立有大文豪莎士比亚（Shakespeare）、航海家哥伦布（Columbus）、音乐家贝多芬（Beethoven）等名人雕像，地上还有很多作家名字，这块艺文风的区域又叫文学步道（Literary Walk）。

Mid-Park between 66th St. & 72nd St.

地铁1、2到66 St - Lincoln Center站
地铁A、B、C到72 St站

爱神的弓落在中央公园大湖

Bow Bridge / The Lake

其他**必游**景点……

6

East Side from 72nd St. to 75th St.

地铁A、B、C到 72 St站

地点介绍：

“大湖”（The Lake）是中央公园内最大的湖，它是个造型不规则的人工湖，最热门的活动是划船，摩天大楼和森林分别围绕在它四周，美景独特。

湖上的“弓桥”（Bow Bridge）因为形状是弓形而有着很美的含意，大家都说它是爱神丘比特手中那把射出爱心的弓，为此这桥也获封“爱之桥”的美名。

戴拉寇特剧场旁的罗密欧与朱丽叶雕像。

免费看莎士比亚戏剧的戴拉寇特剧场

Delacorte Theatre

地点介绍：

建于1966年的罗密欧与朱丽叶（Romeo and Juliet）雕像，就位在戴拉寇特剧场前，雕像有真人般大小，这是罗密欧正弯下腰去准备亲吻朱丽叶的时刻，伟大的爱情，刹那即永恒。

古希腊剧场形式的戴拉寇特剧场（Delacorte Theatre），是“夏日莎士比亚戏剧节”主要演出场地，每年 6 月到 9 月（周一公休）都会免费表演莎士比亚的戏码，因为太受欢迎总是爆满。虽不需买票但还是要领入场票，通常队伍很长，赶场的观光客得斟酌时间。

其他必游景点……

地址: Mid-Park at 80th St.

地铁: 地铁A、B、C到72 St站
地铁A、B、C到81 St - Museum Of Natural History站

欣赏可爱小乌龟游泳的乌龟池塘

Turtle Pond & Belvedere Castle

地点介绍：

乌龟池塘（Turtle Pond）是很有情趣的景点，天气好的时候，可以在这里看到可爱的小乌龟游泳、晒太阳。这些乌龟大多是被饲主放生到这里的，不过，中央公园也不希望再有乌龟来安家了，因为已经够多！

位于乌龟池塘旁的小山丘上，有座古典美的眺望台城堡（Belvedere Castle），它的名字源于意大利文“美丽的风景”。登上城堡，便到达公园内的制高点，又是个看风景的好地方。城堡本身也是气象站，测量园区气温、风速、降雨量等，里面还有自然生态展。

其他必游景点……

Mid-Park between 79th St. & 80th St.

地铁A、B、C到72 St站
地铁A、B、C到81 St - Museum Of Natural History站

Turtle Pond乌龟池塘 & Belvedere Castle眺望台城堡。

其他必游景点……

草莓园常有来自世界各地的歌迷前来凭吊偶像。

9

纪念约翰·列侬的草莓园

Strawberry Fields

地点介绍：

披头士之一约翰·列侬（John Lennon）在1980年不幸遇刺，他的遗孀小野洋子，在中央公园内修建了一处名叫“草莓园”的圆形小广场，以纪念亡夫，在1985年10月9日他45岁诞辰时正式揭幕。这名字是从约翰·列侬的*Strawberry Fields Forever*而来，而它黑白相间的马赛克图案则源于另一首歌曲*Imagine*。

平时就可见这里有很多凭吊的花束，而每年12月8日约翰·列侬遇害日，来自各地的歌迷更会聚集在此纪念他，或是一并前往附近他的住宅（也是遇刺地点）达科塔公寓（Dakota Apartment）。公寓位于中央公园西侧72nd St.与Central Park West的交会口。

达科塔公寓是约翰·列侬的家，也是遇害地点。

📫: West Side between 71st St. & 72nd St.
🚇: 地铁1、2到72 St站
地铁A、B、C到 72 St 站

其他必游景点……

10

野餐和日光浴最佳地点绵羊草坪

Sheep Meadow

地点介绍：

“绵羊草坪”怎么没有看到绵羊呢？其实早在1864到1934年间，这里确实是放牧绵羊的地方，而且羊群和牧羊人还住在旁边的绿地客栈（Tavern on the Green）里，之后虽然不再牧羊，但还是以此为名。这块草坪每年的5月到10月中旬开放，不时会举行大型音乐会、政治集会和庆祝活动，1969年登月行动的电视直播也曾在这举行，游客最喜欢在这野餐、放风筝和晒日光浴。

地址：Western Side of the Park, 66th-69th St.

交通：地铁1、2、A、B、C、D到59 St - Columbus Circle 站
地铁1、2到66 St - Lincoln Center站
地铁A、B、C到 72 St 站

索性把自己想象成绵羊，尽情在空旷的草地上撒野吧！

其他必游景点……

11

2014年重新开张的绿地客栈，从过去的炫丽奢华风转为古典优雅风。

《波普先生的企鹅》拍摄地绿地客栈

Tavern on the Green

地点介绍：

这栋维多利亚式的建筑在1934年之前曾经是羊群和牧羊人的居所，后来成为以梦幻装潢出名的绿地客栈（Tavern on the Green），常有名人捧场、电影取景，虽然餐厅名气很大，却因不敌2009年经济寒冬，在负债800万美元又竞标续约不成的情况下，2010年元旦宣告关门，令人错愕。不过在关闭期间，绿地客栈也不算完全闲置，它成了金·凯瑞（Jim Carrey）电影《波普先生的企鹅》（*Mr. Popper's Penguins*）重要拍摄场景，从电影中观众就可看出它童话般的装潢。

一关多年的绿地客栈，终于在2014年4月出现重新开张的好消息，全新的餐厅装潢从过去的绚丽奢华风转为古典优雅风，门口和菜单上可爱的“双羊标志”强调着餐厅的历史——早期这里是小羊的家哦，多么具有传奇感和趣味性。而重新出发的绿地客栈，也强调食物绝对比过去更美味，希望不只拥有高知名度，还要靠美食好评再造辉煌。

📫: Western Side of the Park, 66th-69th St.

🚋: 地铁1、A、B、C、D到 59 St - Columbus Circle 站
地铁1、2到66 St - Lincoln Center站
地铁A、B、C到 72 St 站

绿地客栈可爱的“双羊标志”强调着它的历史。

中央公园
Central Park

1-1 **游园马车** / Horse Carriage Tour
中央公园东南角，5th Ave.与59th St.交界处

1-2 **拱桥** / Gapstow Bridge
easten side of Central Park at 62nd St.

1-3 **温室水域** / Conservatory Water & **艾丽斯漫游奇境雕像**Alice in Wonderland Sculpture
5th Ave. & E 74th St.

1-4 **船屋餐厅** / The Loeb Boathouse
E. 72nd St. & 5th Ave.(Park Drive North)

1-5 **毕士达喷泉** / Bethesda Fountain&**毕士达露台** Bethesda Terrace
Mid-Park on the north side of 72nd Street

1-Q1 **游客中心和礼品店** / Dairy Visitor Center and Gift Shop
Mid-Park at 65th St.

1-Q2 **川普沃曼溜冰场** / Trump Wollman Rink
830 5th Ave. between 59th St.& 65th St.

1-Q3 **中央公园动物园**/ Central Park Zoo
East Side between 63rd St. & 66th St.，入口在5th Ave. & 64th St.交叉口

1-Q4 **波图狗雕像** / Balto
East Drive at 67th St.

1-Q5 **林荫大道** / The Mall
Mid- park between 66th and 72nd St.

1-Q6 **中央公园大湖** / The Lake & 弓桥 / Bow Bridge
East side from 72nd to 75th St

1-Q7 **罗密欧与朱丽叶雕像** / Romeo and Juliet & **戴拉寇特剧场剧场**/ Delacorte Theatre
Mid-Park at 80th St.

1-Q8 **乌龟池塘** / Turtle Pond&**眺望台城堡** / Belvedere Castle
Mid-Park between 79th St. & 80th St.

1-Q9 **草莓园** / Strawberry Fields
Western Side of the Park, 66th-69th St.

1-Q10 **绵羊草坪** / Sheep Meadow
Western Side of the Park, 66th-69th St.

1-Q11 **绿地客栈** / Tavern on the Green
Western Side of the Park, 66th-69th St.

https://maps.google.com/maps/ms?msid=20432133814769
5703909.0004cba38b30d0a8f5e8b&msa=0&ll=40.773587,-
73.972363&spn=0.02769,0.055747

Upper West Side

02 上西城

纽约的上西城由于濒临哈德逊河，百年前就有很兴盛的商业活动，同时也吸引大批移民前来落脚。不过也因为繁荣得早、居民组成比较复杂，早期的上西城，生气蓬勃中夹带着贫富差距，多彩多姿中也存在着种族问题。众所熟知的歌舞剧《西区故事》（*West Side Story*），就是描写发生在这里贫民窟的一段爱情，由于白人和波多黎各人所组成的两个帮派势不两立，分属两边的一对恋人，便成了现代版的《罗密欧与朱丽叶》，爱情以悲剧收场。

西区故事中的上西城景象，是属于20世纪60年代以前的模样，随着时代变迁，贫民窟陆续因改建而绝迹，尤其从1966年开始，一大片贫民窟被改造成艺术殿堂林肯中心之后，上西城的样貌和品位便大有不同，1970年后陆续有演员、作家、艺术家、名人雅士移居到这里，愈来愈多书店、餐厅、咖啡馆、酒吧纷纷开张，形成一个人文气息浓厚的雅痞生活区。加上上西城拥有得天独厚的地理环境：一边是中央公园，一边是河滨公园，可说是最令人向往的住宅环境，房价暴涨也是理所当然。

《欲望都市》在上西城不少知名观光景点取景，除了游客绝不会错过的哥伦布圆环、林肯中心和Zabar's超市等等，还有Jean Georges法式高档餐厅、Empire Hotel Rooftop情调夜店和Tasti D. Lite美味冰淇淋店，让我们一边吃喝玩乐，一边回味剧情。

另外，上西城也是经典爱情电影《电子情书》（*You've Got Mail*）的拍摄景点大本营，去汤姆·汉克斯（Tom Hanks）和梅格·瑞恩（Meg Ryan）网友相见的餐厅坐坐，去他们拥吻的河滨公园走走，借此好好体会上西城缤纷多样的生活乐趣。

N.Y 1 《欲望都市》经典景点

时代华纳购物中心是75层楼高的双塔建筑。

Aidan向凯莉求婚失败的伤心地哥伦布圆环（Columbus Circle）

剧情：

离开“黑白晚会”的Aidan和凯莉，男的西装领带、女的白长礼服，穿得就像新郎新娘一样。行经哥伦布圆环喷水池时，Aidan突然说：“今晚我们两个都很正点，我们今晚就结婚吧，我们坐出租车直奔机场，飞到拉斯维加斯，我要全世界知道你是我的……”可惜，这一连串感人的话并没有打动惧婚的凯莉，非但求婚不成，最后还很感伤地以分手收场。

出处：63集（第4季第15集）*Change of a Dress*（中文版名：《承诺恐惧》）

地点介绍：

真是可惜，这么美的哥伦布圆环（Columbus Circle），竟然是Aidan和凯莉分手的地方，呜呜呜。这里分三阶段完成，圆环部分是在1892年为纪念哥伦布发现新大陆400周年而建造，纪念碑则在1905年落成，2005年增加喷泉和座椅，更适合休憩，夜景也更美丽。

上西城著名地标哥伦布圆环。

圆环旁的75层楼双塔建筑，是时代华纳购物中心（Time Warner Center），里面有东方文华酒店（Mandarin Oriental）、购物商店、豪华餐厅、时髦咖啡厅、大型连锁书店和高档超市Whole Foods（熟食部和色拉吧都很不错）。此外，林肯艺术表演中心的爵士演奏厅也在这里。每到圣诞节前，时代华纳购物中心的装饰和声光秀是一大亮点。

- 📫: 10 Columbus Cir.（between W. Central Park & Broadway）
- ✆: （212）823-6300
- 🚇: 地铁1、A、B、C、D到59 St-Columbus Circle站
地铁N、Q、R到57 St-7 Av 站
- 🕐: 周一到周六10am~9pm；周日11am~7pm
- 🖱: www.shopsatcolumbuscircle.com

圣诞期间的时代华纳购物中心好璀璨。

为川普国际酒店带来财气的地球装饰。

为了去尚乔治餐厅（Jean Georges）不需预约，莎曼珊愿和老头约会

剧情：

莎曼珊愿意和超过70岁的老头子约会，令凯莉非常惊讶："你真能够和上了年纪的男人享受闺房之乐？"莎曼珊的答案很有意思："有句谚语说'所有的猫在黑暗中都一样'。"当然她也承认更重要的是："他带我去Jean Georges吃晚餐，不需要预约。"可见这家餐厅的抢手程度。

出处：20集（第2季第8集）*The Man,The Myth,The Viagra*（中文版名：《男人、神话、威而钢》）

地点介绍：

位在川普国际酒店里的尚乔治餐厅（Jean Georges），是享誉国际的法籍名厨Jean-Georges Vongerichten开设的法式餐厅，拥有米其林三星评鉴。不止《欲望都市》中强调它一位难求，在电影《波普先生的企鹅》（*Mr. Popper's Penguins*）中，汤姆波普（金·凯瑞）也说："我预约了那家除非你是和大亨唐纳德·特朗普（Donald Trump）约会否则几乎不可能订到位的Jean Georges餐厅。"

尚乔治餐厅是以价格固定的套餐方式（Prix-Fixe Menu）点菜的，不能单点。晚餐是4道菜98美元（不含税、小费），相对而言工作日中午则非常划算，2道菜特价38美元。鱼子酱蛋是招牌菜，被煎马铃薯丝包着的蛋，加上鱼子酱，口感极有层次。前菜选择有干贝和鳟鱼，主菜选择有牛、鸡、鲑鱼、鳕鱼，甜点有迷你马卡龙、浓郁巧克力、手工棉花糖……大师出手，都精致得没话说。

尚乔治所在的川普国际酒店（Trump International Hotel and Tower），楼高44层，门口有一个很炫的银色地球标志，据说它可是这栋大楼的幸运星，原本生意不是很好的酒店，在装设了这颗大球后，整个气势就旺了起来。

外观可用金光闪闪、瑞气千条来形容。

- 1 Central Park West (at Columbus Circle & West 60th St.)
- (212) 299-3900
- 地铁1, A, B, C, D到59 St-Columbus Circle站
  地铁N, Q, R到57 St-7 Av站
- 每日（午餐）11：45am~2：30pm；（晚餐）5pm~11pm
- www.jean-georges.com

《欲望都市》经典景点

3

强调低卡低脂的Tasti D·Lite冰淇淋。

夏绿蒂向老公Harry撒娇，希望天天都能来Tasti D•Lite吃冰

剧情：

夏绿蒂和Harry一起在Tasti D·Lite吃冰，她对奶油核桃口味的低脂冰淇淋赞不绝口，撒娇说只要老公能每天陪她来这里就叫浪漫。

出处： 88集（第6季第14集）*The Ick Factory*（中文版名：《肉麻元素》）

地点介绍：

1987年开业的Tasti D·Lite有纽约第一冰品之称，成立时他们标榜自家冰品有别于传统高热量冰淇淋，是低卡又低脂，一时蔚为风尚，极盛时期在纽约拥有近60家连锁店。不过近年许多霜冻优格（Frozen Yogurt）自助冰品店纷纷加入战场，冰品也强调健康概念，Tasti D·Lite就不再那么一枝独秀了，但牛奶味香浓却不甜腻一直是他们很受欢迎的特色，值得一尝。

地址：1841 Brodway
电话：（212）247-7200
交通：地铁1、A、B、C、D到59 St-Columbus Circle站
地铁N、Q、R到57 St-7 Av 站
网址：www.tastidlite.com

片商在帝国酒店屋顶酒吧（Empire Hotel Rooftop）邀请莎曼珊去阿布扎比

剧情：

莎曼珊在小男友Simth的电影首映会后，受邀同去帝国酒店屋顶酒吧派对，她接受片商邀请去中东阿布扎比（Abu Dhabi），非常开心。与此同时，Mr. Big在派对上和潘妮洛普（Penelope Cruz）饰演的“马德里银行小姐”调情，让凯莉很不高兴，她对婚后生活开始感到失望。

出处： 电影版第2集

地点介绍：

充满迷幻情调的酒吧气氛。

帝国酒店12楼的屋顶酒吧（Empire Hotel Rooftop），有个加分特色是可以欣赏到林肯中心和哥伦布圆环的夜景。酒吧分为室内、户外两区，室内光线迷蒙、极具情调。一走到户外，那出了名的火红霓虹灯招牌“Hotel Empire”就近在眼前了，在这强烈的红色炫光照耀下，每个人的情绪好像都特别High。由于距离太近，大字招牌拍不完全，但拍出这种“不完全”效果的照片，已成为来此一游的特色。

Empire Hotel可说是影集《绯闻女孩》（*Gossip Girl*）的拍摄基地，因为它就是剧中男主角之一查克（Chuck Bass）经营的酒店，一楼Lobby Bar里的酒单上，还有以剧中人物为名的调酒，例如S（Serene）、B（Blair）、“I'm Chuck Bass”和“Lonely Boy”等，一杯15美元。本来就因地理位置大好而热门的Empire Hotel，又因《绯闻女孩》人气更夯。

《欲望都市》经典景点

4

在这火红大招牌照耀下，情绪特别High。

- 44 W. 63rd St.
- （212）265-7400
- 地铁1、A、B、C、D到59 St-Columbus Circle站
  地铁1、2到66 St-Lincoln Center站
  地铁A、B、C到72 St 站
- 周一到周六5pm~3am；周日5pm~12midnight
- www.empirehotelnyc.com

《欲望都市》经典景点

5

5座超大的玻璃拱门与夏卡尔画作是大都会歌剧院的外观特色。

凯莉在林肯中心（Lincoln Center）看歌剧，瞄见Big和Natasha吓得落跑

剧情：

凯莉和夏绿蒂结伴前往林肯中心看歌剧《阿依达》（*Aida*）时，瞄见Mr. Big和他的新婚妻子Natasha就坐在对面包厢，凯莉仿佛看到鬼似的拔腿就跑，她形容自己不是在看《阿依达》而是在看《歌剧魅影》（*The Phantom of the Opera*）。

出处：37集（第3季第7集）*Drama Queens*（中文版名：《戏剧皇后》）

地点介绍：

电影《黑天鹅》（*Black Swan*）中，芭蕾舞伶妮娜（娜塔莉·波特曼Natalie Portman饰）看着前辈贝丝（薇诺娜·瑞德Winona Ryder饰）在林肯中心的表演海报，也一心要登上这个舞台。是的，能在这里演出，一直是所有艺术表演者最大的梦想，也是对他们最大的肯定。建于20世纪60年代的林肯中心，耗资1亿6800万美元，可同时容纳18 000位观众，是全世界最大的艺术会场。

林肯中心（Lincoln Center）有3栋表演大楼，分别是“大都会歌剧院”（Metropolitan Opera House，大都会歌剧团的主场地）、“纽约州立剧院”

大都会歌剧院内部气派辉煌。

（New York State Theater，纽约市立芭蕾舞团和市立歌剧团的主场地）以及“爱利费雪厅”（Avery Fisher Hall，纽约爱乐的驻扎地）。

位于中央的大都会歌剧院最为显眼，5座超大的玻璃拱门与夏卡尔（Chagall，1887-1985）的巨型画作是它的外观特色。而每年岁末最著名的圣诞演出《胡桃夹子》（*The Nutcracker*）则是在纽约州立剧院上演。全球最顶尖的表演艺术学校之一“茱莉亚音乐学院”（Juilliard School）就紧邻着林肯中心。

132 W.65th St.at Columbus Ave.(W.62nd St.-66th St.)
（212）546-2656
地铁1、2到66 St - Lincoln Center站
地铁1、A、B、C、D到59 St - Columbus Circle站
周一到周六5pm~3am；周日5pm~12midnight
www.lincolncenter.org

林肯中心建筑由左到右分别是纽约州立剧院、大都会歌剧院和爱利费雪厅

凯莉耍技巧邀约Berger去AMC洛伊斯林肯广场戏院（AMC Loews Lincoln Square 13）

剧情：

凯莉知道Berger就在离她不远的地方，于是鼓起勇气打电话约他："我现正在林肯中心附近的戏院，电影即将开演，没有人在排队，你现在能过来吗？""太巧了，我就在附近。""真的？这一定是天意。"哈哈！运用小技巧，凯莉主动出击成功，也算是提供女性朋友一招追男技巧。

出处： 75集（第6季第1集）*To Market, To Market*（中文版名：《前进市场》）

地点介绍：

AMC是美国著名电影院线集团，它的全名是American Multi-Cinema，意为多厅院电影院。位于林肯中心附近的这家AMC洛伊斯林肯广场戏院（AMC Loews Lincoln Square 13），以拥有顶尖的立体电影效果闻名。虽然大型电影院都能播放3D电影，但这间有600个斜坡座位的IMAX Theatre，特别设计了一个360度视野无障碍的超大型银幕，比一般电影院的银幕要大上3倍以上，声光画质都很专业，是公认在纽约看3D电影的最佳选择。所以尽管电影《阿凡达》（*Avatar*）在这上映时票价高达18.5美元，观众还是捧场。

- 地址：1998 Broadway（between 68th St.& 67th St.）
- 电话：（212）336-5020
- 交通：地铁1、2到66 St - Lincoln Center站
  地铁1、2、3到72 St站
  地铁A、B、C到72 St站
- 网址：www.amctheatres.com/movie-theatres/amc-loews-lincoln-square-13

AMC洛伊斯林肯广场戏院拥有顶尖3D效果。

《欲望都市》经典景点

7

进进出出Zabar's是纽约人的真实生活写照。

夏绿蒂到札巴超市（Zabar's）精心挑选犹太料理食材

📫：2245 Broadway (between 80th St.& 81st St.)
✆：（212）787-2000
🚇：地铁1到79 St站
地铁A、B、C到81 St-Museum Of Natural History站
🕐：周一到周五8am~7:30pm；
周六8am~8pm；周日9am~6pm
🖱：www.zabars.com

剧情：

凡事要求完美的夏绿蒂，为了想替犹太男友Harry做出最好的犹太美食，每天都到Zabar's超市报到。不过她求好心切过了头，总是拿出“我为你改信犹太教，你为我做了什么？”的姿态，造成对方极大压力，两人因此吵到分手。

出处：78集（第6季第4集）*Pick-A-Little, Talk-A-Little*（中文版名：《祸从口出》）

地点介绍：

1934年开始营业的札巴超市（Zabar's），最早是从卖“鱼丸冻”（Gefilte Fish，犹太人一种用鱼做的菜）的摊位起家，经营至今堪称纽约排名第一的美食超市，因为货色实在是太齐全了！有别美国于大超市的整齐宽广，Zabar's的货品可用“堆积如山”来形容，但连其他超市不怎么好找的犹太食材都很充足，难怪夏绿蒂总是来此报到。Zabar's以上百种起司、新鲜肉品海鲜，以及自制食品享有盛誉，店内招牌美食首推丰腴甘甜的熏鲑鱼。它所附设的简餐店有现做的鲑鱼贝果和鲑鱼三明治，一早就挤满了买早餐的人潮。

电影《电子情书》中，乔（汤姆·汉克斯饰）就是在这为结不了账的凯瑟琳（梅格·瑞恩饰）解围。不少以纽约为背景的影集《老友记》（*Friends*）、《天才保姆》（*The Nanny*）、《宋飞正传》（*Seinfeld*）也都来这取景，因为进进出出Zabar's买食材就是纽约人的真实生活写照啊。

一整片木质窗棂显得特别温馨。

其他必游景点……

: 201 W. 83rd St. (between Amsterdam Ave. & Broadway)
: (212) 496-6031
: 地铁 1 到79 St站
地铁 B、C 到81 St - Museum Of Natural History站
: 周一到周四8am~2am;
周五8am~4am;
周六9am~4am;
周日9am~2am
(每到节日都开到凌晨4点)
: www.cafelalo.com

《电子情书》网友见面的拉洛餐厅
Café Lalo

地点介绍:

这里就是《电子情书》里，乔和凯瑟琳这两个网友相约见面的咖啡厅，至今店门外还展示着剧照。非来不可的原因除了因为这是经典电影场景，还因为它的甜点实在太诱人，光是吉士蛋糕就有10多种口味呢。

想要温暖一下，可以点杯热咖啡，配上仿佛火山熔岩流出的“熔岩巧克力蛋糕”（Chocolate Lava）；想要清凉，5美元一杯的调味汽水配上一大球冰淇淋、7美元一杯可以喝到草莓颗粒的草莓奶昔，都是物美价廉的推荐饮料。此外也有许多可口的咸点。

拉洛餐厅（Café Lalo）的红砖墙上，挂满了19世纪法国新艺术风格的海报，整间店既鲜艳又温馨，想要把这感觉捕捉回家吗？印有招牌海报的火柴盒是免费的纪念品，别忘了索取哦。这里也有卖海报图案的长、短袖T恤和背心，价格从27到29美元，从吃到穿，都太吸引我们了。

门口放着《电子情书》剧照。

1

诱人的汽水冰淇淋和草莓奶昔。

店内的19世纪法国新艺术风情。

《博物馆奇妙夜》拍摄地美国自然历史博物馆

American Museum of Natural History

地点介绍：

美国自然历史博物馆（American Museum of Natural History）是电影《博物馆奇妙夜》（*Night at The Museum*）的拍摄地，想多了解电影里的埃及法老、侏罗纪暴龙、印第安公主的话，赶快来仔细研究研究吧！这里以各种主题、各种表现方式展示着“生命的演进”，通过3万多件宝贵的收藏品，探索生物之间相互依赖的关系。

这里也是全世界研究恐龙最有名的博物馆，4楼恐龙馆里重现原形的巨大恐龙化石，令人赞叹，堪称“镇馆之宝”。而这也让我想到影集《老友记》里的考古学家Ross，编剧为了强调他对恐龙的专业，特别安排他在这工作。

馆中的“大爆炸戏院”（Big Bang Theater）借由震撼的声光音效，带大家感受宇宙的形成过程，是免费参观的，非常值得一看。

其他必游景点……

2

- 📫: 200 Central Park West at 79th St.
- ✆: （212）769-5100
- 🚇: 地铁 1 到79 St站
  地铁 B、C 到81 St - Museum Of Natural History站
- 🕔: 每日 10am~5:30pm（除感恩节和圣诞节）
- 🖱: www.amnh.org

巨型恐龙化石是美国自然历史博物馆的“镇馆之宝”。

走进船坞餐厅像进入一个大石洞。

《纽约的秋天》男女主角第一次约会的船坞餐厅

Boat Basin Café

地点介绍：

在河滨公园的79th St.船舶处，有座美轮美奂的欧式庭园，名叫船坞餐厅（Boat Basin Café），拥有赏心悦目的河畔景致，这里是电影《纽约的秋天》（*Autumn in New York*）中威尔（理查·基尔Richard Gere饰）与夏绿蒂（薇诺娜·瑞德Winona Ryder饰）第一次约会的地方。天气好的话，极力推荐来此一边用餐一边看夕阳和夜景。

- 地址：79th St. at Riverside Dr.
- 电话：（212）496-5542
- 交通：地铁 1 到79 St站
- 时间：（只有3月下旬到11月底开店）周四周五12noon~11:30pm；周六11am~11:30pm；周日11am~10pm
- 网址：www.boatbasincafe.com

4

其他必游景点……

West Riverside Dr.（72nd St.--125th St.）
地铁1到86 St站
地铁1、2、3到96 St站
www.riversideparkfund.org

《电子情书》的温馨片尾在河滨公园拍摄

Riverside Park

地点介绍：

位于上西城的河滨公园（Riverside Park）是一段沿着哈德逊河畔所建的休闲之地，夏季时可以享受音乐会、露天电影院和舞蹈表演。这里最浪漫的活动就是远眺对岸的新泽西夜景，从90th St.的入口进入景观最棒。

还记得电影《电子情书》片尾的温馨画面吗？在*Over the Rainbow*的情歌声中，男女主角甜蜜拥吻、狗儿也开心拉着主人的衣角，这个场景就在河滨公园91st St.的小花园。

白天一边漫步一边欣赏河景。

晚上远眺对岸的新泽西景观。

在《宋飞正传》中它叫 Monk's Coffee Shop。

夜猫子消夜圣地——汤姆餐厅

Tom's Restaurant

地点介绍：

20世纪50年代开业的汤姆餐厅（Toms Restaurant），位于哥伦比亚大学旁，由于它的炸鸡翅、薯条和奶昔号称是全纽约最地道的，加上星期四到星期六是24小时营业（星期日到星期三是早上6点到凌晨1点半），又走平价路线，所以学生都很捧场。之后又因为成为美国高收视影集《宋飞正传》剧中主角最常聚会的地方（戏里叫Monk's Coffee Shop），更吸引许多戏迷前来。

其他必游景点……

地址: 2880 Broadway (between 111th St. & 112th St.)
电话: (212) 864-6137
交通: 地铁1到116 St - Columbia University站
地铁1到Cathedral Pkwy (110 St) 站
网址: www.tomsrestaurant.net

其他必游景点……

6

116th St. & Broadway
(212) 854-1754
地铁1到116 St - Columbia University站
地铁1到Cathedral Pkwy (110 St) 站
www.columbia.edu

《蜘蛛侠》取景的哥伦比亚大学

Columbia University

地点介绍：

哥伦比亚大学（Columbia University）是美国长春藤名校（Ivy League）之一，这里出了3位美国总统，包括大小罗斯福总统（Theodore Roosevelt和Franklin Roosevelt）和现任总统奥巴马（Obama）。

校园中最引人注目的就是气势雄伟的洛氏图书馆（Low Memorial Library），除了因为它拥有希腊列柱与罗马拱顶的古典美外形，也因为它是电影《蜘蛛侠》（*Spider Man*）的拍摄场景之一。

图书馆前的智慧女神雕塑（Alma Mater）是哥大的精神象征，由美国名雕塑家法兰区（Daniel Chester French）在1904年铸立，他最有名的作品是首都华盛顿林肯纪念馆的林肯雕像。1968年，哥大学生占领学校几栋大楼，抗议学校对于越战的作为，与警方冲突后引爆全美抗议风潮，当时这尊雕像在活动中是非常鲜明的背景。

著名的洛氏图书馆（Low Memorial Library）气势宏伟。

圣约翰大教堂处处精雕细琢。

7

其他必游景点……

盖了一百多年未完工的圣约翰大教堂

Cathedral of Saint John the Divine

地点介绍：

圣约翰大教堂（Cathedral of Saint John the Divine）以“盖了一百多年还没盖好”闻名。是的，从1892年破土动工，经过一世纪迂回曲折的经历，目前仍在修建中，不过由此也可见它是多么精雕细琢。虽然尚未完工，它气派的殿堂已经可以参观，里面精美的壁雕、特别的马赛克壁画和色彩炫丽的花窗，都是艺术极品。工程浩大的圣约翰大教堂，有志成为容纳10 000人的全世界最大哥特式教堂。

：1047 Amsterdam Ave. (between 111th St. & 112th St.)
：(212) 316-7490
：地铁1到116 St - Columbia University站
地铁1到Cathedral Pkwy (110 St) 站
：每日7am-6pm
：www.stjohndivine.org

上西城
Upper West Side

2-1 **哥伦布圆环**/ Columbus Circle & **时代华纳购物中心** / Time Warner Center
10 Columbus Cir. (between W Central Park & Broadway)

2-2 **尚乔治餐厅** / Jean Georges & **川普国际酒店** / Trump International Hotel & Tower
1 Central Park West (at Columbus Circle & West 60th St.)

2-3 Tasti D-Lite**冰淇淋店** / Tasti D-Lite
1841 Brodway

2-4 **帝国酒店屋顶酒吧** / Empire Hotel Rooftop
44 W. 63rd St.

2-5 **林肯表演艺术中心** / Lincoln Center for the Performing Arts
132 W.65th St.at Columbus Ave.(W.62nd St.-66th St.)

2-6 AMC**洛伊斯林肯广场戏院** / AMC Loews Lincoln Square 13
1998 Broadway(between 68th St.& 67th St.)

2-7 **札巴超市** / Zabar's
2245 Broadway(between 80th St.& 81st St.)

2-Q1 **拉洛餐厅** / Cafe Lalo
201 W. 83rd St. (between Amsterdam Ave. & Broadway)

2-Q2 **美国自然历史博物馆** / American Museum of Natural History
Central Park West at 79th St.

2- Q3 **船坞餐厅**/ Boat Basin Cafe
79th St. at Riverside Dr.

2-Q4 **纽约市河滨公园** / Riverside Park
West Riverside Dr. (72nd St.--125th St.)

2-Q5 **汤姆餐厅** / Tom's Restaurant
2880 Broadway (between 111th St. & 112th St.)

2-Q6 **哥伦比亚大学** / Columbia University
Broadway & W 116th St.

2-Q7 **圣约翰大教堂** / Cathedral of Saint John the Divine
1047 Amsterdam Ave. (between 111th St. & 112th St.)

https://maps.google.com/maps/ms?msid=204321338147695703909.0004cba3da03c86df39b3&msa=0

Upper East Side

03 上东城

上东城是全纽约房价最贵的地区，尤其以10065邮区为最，500平方英尺（约14坪）的小套房，1个月租金要2000美元；1000平方英尺（约28坪）公寓房，价格150万美元起跳，由此可知凯莉爱上的那间顶楼豪宅和夏绿蒂前夫留给她的房子是什么行情。通常这些豪华公寓门口，多有戴着白手套的Doorman（门房）服务，成了上东城住宅区的特殊景象。这里除了是有钱人的住宅重镇，还拥有两大特色，一是博物馆集中，二是名牌店林立。

说到博物馆，上东城82街到105街的第五大道上，因有多达9家博物馆，所以又有“博物馆大道”（Museum Mile）之称。每年6月特定一天，这里会举办“博物馆大道艺术节”（Museum Mile Festival），不但有3小时封街派对，博物馆也免费开放给民众参观。

它们分别是82街的大都会博物馆（The Metropolitan Museum of Art）、83街的歌德书院（Goethe-Institut）、86街的新艺廊（Neue Galerie）、89街的古根汉美术馆（Guggenheim Museum）、90街的美国学院博物馆（National Academy Museum）、91街的国家设计博物馆（ Cooper-Hewitt, National Design Museum）、92街的犹太博物馆（The Jewish Museum）、103街的纽约市立博物馆（Museum of the City of New York），以及105街的非洲艺术博物馆（Museum for African Art）。

知名设计师品牌多集中在57街到77街的麦迪逊大道（Madison Ave.），上百家精心布置的橱窗，欣赏起来非常过瘾，其中著名的百货公司Barneys和Bloomingdale's，以及名牌服饰Vera Wang、Christian Louboutin、Dolce & Gabbana、La Perla、Chanel、Hermès 等，都在《欲望都市》剧情中伴随着4位女主角一同喜怒哀乐过，配合剧情逛店更有趣呢。

单身自在的凯莉想逛古根汉美术馆（Guggenheim Museum），令当妈的米兰达羡慕

剧情：

手忙脚乱的新手妈妈米兰达问凯莉："你一整天要做什么？"单身女郎潇洒地说："先去逛逛古根汉美术馆，然后吃午餐，接着……谁知道？这里是纽约。"让离不开家的米兰达好羡慕。

出处：67集（第5季第1集）*Anchors Away*（中文版名：《挚爱理论》）

地点介绍：

由美国建筑大师莱特（Frank Lloyd Wright）负责整体设计的古根汉美术馆（Guggenheim Museum），白色环形外观非常奇特，内部螺旋走道也是一绝。在电影《黑衣人》（*Men In Black*）中，威尔史密斯（Will Smith）饰演的警探就是沿着这坡道追逐外星人。馆内没有窗户，唯一的照明是来自顶楼蜘蛛网造型的天窗。

所罗门古根汉（Solomon R. Guggenheim）这位超级有钱的慈善家，喜爱收藏艺术品，馆内就是以他的收藏为主，还有一些与欧亚结盟博物馆的交流之作，展品多为现代艺术，像抽象派和表现主义的俄国画家康丁斯基（Wassily Kandinsky）、风格派和新造型主义的荷兰画家蒙德里安（Piet Cornelies Mondrian），都是这里的展出常客。纪念品店里有许多前卫造型商品，我们在这颇有斩获。

古根汉美术馆原本在SoHo区的Prada旗舰店旁有分馆，不过已经关闭，请不要再白跑。而之前在拉斯韦加斯的分馆，也因为"游客去那只想赌博和看秀，不会去美术馆"决定关闭。目前古根汉美术馆在全球有5座分馆，分别位于纽约、西班牙毕尔包、德国柏林、意大利威尼斯，以及阿拉伯联合金酋长国的首都阿布扎比。

地址：1071 5th Ave.(at 89th St.)
电话：（212）423-3500
交通：地铁4、5、6、6X到86 St站
地铁4、6、6X到96 St站
时间：周四休馆。周一、二、三、五、日10am~5:30pm
周六10am~7:30pm。
费用：成人18美元、学生和65岁以上15美元、会员和12岁以下小孩免费。周六晚上5:45pm~7:45pm时段的票价为自由捐赠。
网址：www.guggenheim.org

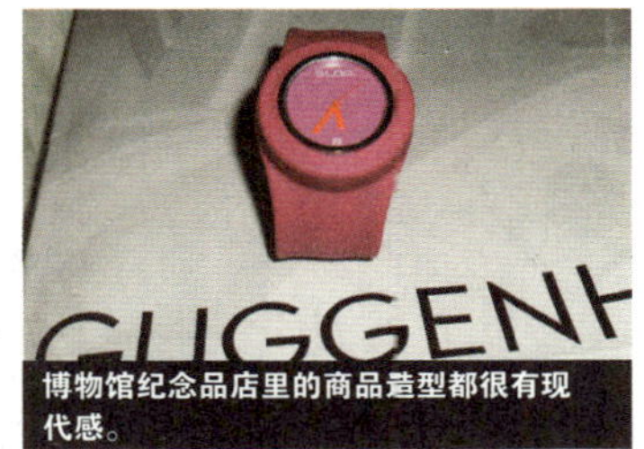

博物馆纪念品店里的商品造型都很有现代感。

外观奇特的古根汉美术馆本身就是艺术品。

剧组将纽约大都会博物馆（Metropolitan Museum of Art）变成歌剧院

剧情：

这是夏绿蒂和纽约出版界名人Capote Duncan（被她形容为曼哈顿最难钓的黄金单身汉之一）约会之地，同时也是凯莉与法国建筑师Gilles（亲密过后给她1000美元过夜费的男人）约会地点之一。剧情中他们并非在参观大都会博物馆，剧组只是借用博物馆古典又气派的门口外观，拍摄歌剧院散场画面。

出处： 第1季第1集*Sex and the City*（中文版名：《欲望都市》）

和第1季第5集*The Power of Female Sex*（中文版名：《女性的权力》）

地点介绍：

建于1872年的大都会博物馆（Metropolitan Museum of Art）是全美国最大的博物馆，与伦敦的大英博物馆、巴黎的卢罗浮宫并称为“世界三大博物馆”。当初是美国一群艺术家与慈善家，为了建造一座足以与欧洲媲美的艺术馆而成立的，馆内分为美洲、亚洲、欧洲和埃及四大主题馆，其中最特别的是埃及政府赠送了一座罗马时

- 地址：1000 5th Ave.
- 电话：（212）535-7710
- 交通：地铁4、5、6、6X到86 St站
  地铁4、6、6X到77 St站
- 时间：原本周一休馆，从2013年7月1日开始变成天天开放。
  周日到周四10am~5:30pm、周五周六10am~9pm
- 费用：成人25美元、65岁以上17美元、学生12美元、
  12岁以下孩童与会员免费。
  注意此博物馆采“建议票价制”（Recommended），
  也就是允许随意出价，可少出但最好还是要出。
- 网址：www.metmuseum.org

期的神殿“丹铎庙”，为埃及馆大大增色，也成为游客参观重点。除了四大主题馆，来此还有三大重点绝对要参观：一、是隶属于大都会博物馆的时装学院（Costume Institute），它获得时尚界的支持，完整搜集从20世纪开始的服饰流行趋势；二、是博物馆附设的纪念品商店，里面常有从稀世珍宝上捕捉灵感而创造出的独特商品；三、是顶楼花园咖啡馆，从这里可以俯瞰整个中央公园和曼哈顿景观。

凯莉和助理Louise一起到The Carlyle Hotel的白蒙酒吧（Bemelmans Bar）喝酒谈心

《欲望都市》经典景点 3

剧情：

凯莉心疼她的助理Louise也遭遇情伤，两人相偕到Bemelmans Bar喝酒谈心。

出处：电影版第1集

地点介绍：

下午走进白蒙酒吧（Bemelmans Bar），客人们的桌上都是三层式的下午茶点心，上东区的优雅从这般高档享受中显露无遗。酒吧里光线幽暗、格调尊贵，但仔细一看墙面，又觉得充满童真趣味，原来这些画作都是美国幽默作家与画家路德威·白蒙（Ludwig Bemelmans，1898—1962）的大作，内容主要是他对中央公园的观察与想象，通过卡通式的笔法，整间酒吧都呈现一种轻松愉快的氛围，白蒙对此贡献如此之大，难怪酒吧也以他的名字命名。

Bemelmans Bar所属的The Carlyle酒店，格局不大却贵气十足，曾是黛安娜王妃来到纽约最喜欢的下榻之处，也是纽约影视艺文界人士、社交名流、欧美政要常常出入的酒店。据了解，白蒙当年要求的画画代价，就是他与家人要在 The Carlyle Hotel 住一年半，传为趣谈。

Bemelmans Bar满墙都是可爱逗趣的漫画。

- 35 E. 76th St. (Madison Ave. at 76th St.)
- (212) 744-1600
- 地铁4、6、6X到77 St站
  地铁4、6、6X到68 St - Hunter College站
- 周一到周日12noon~12:30am
- www.rosewoodhotels.com/carlyle

夏绿蒂第一次结婚穿的Vera Wang婚纱

剧情：

夏绿蒂终于开心穿上了让她“一见钟情”的Vera Wang新娘礼服，可是姊妹们在试衣间里量身定制伴娘礼服时却发生了不愉快，先是凯莉向莎曼珊大吐她和Mr. Big的婚外情，令夏绿蒂气得大喊：“你们可不可以不要在婚纱店里谈这个话题！”之后一向风骚的莎曼珊又因为想要把礼服改短，和夏绿蒂爆发口角。

出处：42集（第3季第12集）*Don't Ask, Don't Tell*（中文版名：《诚实为上策？》）

地点介绍：

Vera Wang（王薇薇）1949年出生于曼哈顿一个富裕之家，父母都来自上海，她年少时多次获得青少年花式溜冰冠军，19岁那年因没有被选入国家代表队，转而前往巴黎留学，返美后在*Vogue*杂志担任编辑，之后在雷夫罗伦（Ralph Lauren）担任服装设计总监。

1988年，Vera Wang与相识多年的高尔夫球商Becker结婚，因为为自己设计的婚纱备受好评，开始走上婚纱设计之路。1990年，她成立了自己的品牌Vera Wang，简洁而高贵的风格，让许多准新娘都以能穿上Vera Wang走进结婚礼堂为梦想，她也因此拥有“婚纱女王”的封号。

和剧中的夏绿蒂一样身穿Vera Wang结婚的名媛女星，不计其数，包括美国前总统克林顿夫妇的掌上明珠切尔西（Chelsea Clinton）、话题女王金·卡戴珊（Kim Kardashian）、女星珍妮弗·洛佩兹（Jennifer Lopez）、玛丽亚·凯莉（Mariah Carey）、莎朗·斯通（Sharon Stone）、杰西卡·辛普森（Jessica Simpson），还有CoCo李玟、刘嘉玲、侯佩岑等。不过当Vera Wang于2012年离婚时，媒体也很八卦地整理出有哪些女星在穿了Vera Wang婚纱后离婚，名单还真是一长串哪。

美国婚纱名牌 Vera Wang。

地址：991 Madison Ave. (between 76th St. & 77th St.)
电话：（212）628-3400
交通：地铁 4、6、6X到77 St 站
地铁 4、6、6X到68 St-Hunter College 站
网址：www.verawang.com

法国女鞋名牌Christian Louboutin。

965 Madison Ave.
(212) 396-1884
地铁4、6、6X到77 St站
地铁4、6、6X到68 St-Hunter College站
www.christianlouboutin.com

凯莉为了向Mr. Big浪漫道别，特别买了双克里斯提·鲁布托Christian Louboutin“红底鞋”

剧情：

凯莉那句“Hello，lover！”就是在这里，当她瞥见Christian Louboutin的粉红色高跟凉鞋时，立刻被迷住，兴奋叫着：“好漂亮，我要穿这双见Mr.Big最后一面。”

出处： 66集（第4季第18集）*I Heart NY*（中文版名：《离情依依》）

地点介绍：

法国巴黎设计师克里斯提·鲁布托（Christian Louboutin）所设计的女鞋以用色大胆闻名，每一双鞋都拥有火红色的鞋底，加上艳丽的鞋样设计，火辣性感。据了解，Christian Louboutin一直觉得黑鞋底毫无生气，1992年他将鲜红色指甲油涂于高跟鞋底部，一上市就造成轰动。

Christian Louboutin于2007年在美国申请“红底”专利商标获准，不过在2011年，时尚界出现了一桩闹得沸沸扬扬的“红底鞋之争”。Christian Louboutin为了捍卫他们的专利，向纽约曼哈顿法院提告，指控法国圣罗兰（YSL）春季鞋款也出现红底女鞋，侵犯了他们的红底商标，以会混淆消费者的品牌辨识力为由，要求YSL赔偿一百万美元。不过，YSL表示，春季鞋款推出多种颜色高跟鞋，红色就配红底，紫色就配紫底，纯就设计考虑非刻意侵权。最后法官判决Christian Louboutin败诉，理由是颜色不应该被垄断，设计师不能独占某和颜色。

2012年，Christian Louboutin又在法国控告西班牙品牌Zara抄袭他们的红底设计，不过法国法庭也认为Zara的鞋子并不会和Christian Louboutin混淆，于是再度败诉。

N.Y

意大利名牌服饰Dolce&Gabbana。

825 Madison Ave. (between 68th St. & 69th St.)

(212) 249-4100

地铁4、6、6X到68 St - Hunter College站
地铁4、6、6X到77 St站
地铁F到Lexington Av/63 St站

www.dolcegabbana.com

凯莉为了免费得到杜嘉班纳（Dolce&Gabbana）服饰，接受他们的走秀邀约

剧情1：

凯莉邀请洋基的新秀球员Joe Stark（剧中凯莉都昵称他New Yankee）参加Dolce&Gabbana派对，希望借由新的约会，冲淡与Mr. Big分手的伤痛。

出处：13集（第2季第1集）*Take Me Out to the Ballgame*
（中文版名：球场爱情学）

剧情2：

凯莉受邀为Dolce&Gabbana走秀，一开始她自认不是Model，没有自信接受，不过得知走完秀就可以得到免费服饰，便禁不住诱惑答应了。结果……嗯，应该可得“最佳勇气奖”吧！

出处：50集（第4季第2集）*The Real Me*（中文版名：《真我的风采》）

地点介绍：

意大利名牌杜嘉班纳（Dolce&Gabbana）的名字来自它的两位创办人：Domenico Dolce和Stefano Gabbana。Dolce于1958年出生于西西里岛附近的Polizzi Generosa，年轻时就在家里经营的小服装厂担任设计师；而1962年在米兰出生的Gabbana，从学习绘画开始对服装设计产生莫大兴趣。两人在米兰一家时装店担任助理设计师时相遇，1985年合作成立Dolce&Gabbana。

西西里岛风情是品牌创作灵感，狂野、性感、华丽、强调女性曲线之美，是他们的特色，像马甲背心搭配西装，正是Dolce&Gabbana最经典的造型。而D&G原是Dolce&Gabbana于1994年推出的副牌，走都会休闲风，不过已在2012年关闭。公司表示以后产品不再分为两家，D&G就是Dolce&Gabbana的品牌缩写。

莎曼珊为诱惑帅哥服务生Smith，不惜花重金买下拉佩拉（La Perla）性感内衣

剧情：

莎曼珊为了和生食餐厅的帅哥服务生Smith一夜激情，不惜花重金买下性感内衣。豪放的她一进店里就嚷着要找“让男人一看到就会血脉偾张的款式”，一旁的凯莉都不好意思了，不过因为凯莉和男友正面临不够激情的困扰，所以她也听从建议买了和莎曼珊同样的款式。

出处： 76集（第6季第2集）*Great Sexpectations*（中文版名：《高度性期望》）

地点介绍：

La Perla是意大利文的“珍珠”，这个高质感、高价位的内衣名牌，拥有车工超细致的薄纱蕾丝，每一件都仿佛是艺术品。拉佩拉（La Perla）崛起于20世纪60年代的意大利，那时正是二次大战后的康复期，经济渐入佳境让人们对服装要求也提高，La Perla为迎合社会变化，以一系列亮丽色彩的内衣，取代当时普遍只有白色及肉色的内衣，深受女性青睐。到了70年代，又率先推出丝质内衣和花边内衣，80年代则注重内衣跟外衣的配搭，一路走来总是领导潮流。

现在La Perla面对多家顶级内衣品牌竞争仍屹立不摇，因为他们的薄纱、蕾丝、刺绣总是运用巧妙令人惊叹，又擅长立体剪裁以美化女体曲线，因此连Vera Wang的婚纱都指定要用La Perla的胸衣做礼服内底。此外，La Perla也出品性感泳衣，像奥斯卡影后荷莉·贝瑞（Halle Berry）在007系列电影《择日而亡》（*Die Another Day*）中令人喷鼻血的橘色比基尼，就是他们的大作。

地址：777 Madison Ave.(between 66th St.&67th St.)
电话：（212）570-0050
交通：地铁4、6、6X到68 St-Hunter College站
地铁F到Lexington Av/63 St站
地铁N、Q、R到5 Av/59 St站
网址：www.laperla.com

《欲望都市》经典景点 7

意大利内衣名牌La Perla。

夏绿蒂为了和领养小孩的父母见面，特地去香奈儿（Chanel）买衣服

剧情：

夏绿蒂为了和领养小孩的父母见面谈领养之事，特别郑重其事地去香奈儿买衣服，希望穿着优雅，给对方一个好印象。由于宝宝的父母来自美国北卡罗莱纳州（North Carolina）的夏绿蒂（Charlotte），碰巧跟夏绿蒂名字一样，她的同志好友Anthony认为是好预兆。

出处：94集（第6季第20集）*An American Girl in Paris*（Part Ⅱ）［中文版名《情迷巴黎（下）》］

地点介绍：

1883年出生于法国的可可·香奈儿（Coco Chanel），12岁母亲去世、父亲失踪，她和姊妹都被送到孤儿院。在孤儿院里她学会了裁缝，17岁便到裁缝店工作，好手艺为她带来了好生意，渐渐开启了她的服装事业。

她25岁在巴黎开了一家帽子店，也设计时装，让女人从紧身衣中解放出来。当时的名流多穿蕾丝和束胸（穿衣还要仆人帮忙），而且戴着花俏的帽子，但是香奈儿服装简洁、高雅、实用，便于行动又不失女人味，因此大受新女性欢迎。

Coco Chanel在事业刚起步时，她的英国情人阿瑟卡柏（Arthur Capel）曾送她一条珍珠项链，他后来不幸车祸丧生，从此，珍珠便成了香奈儿珠宝设计的重要元素。此外，香奈儿的经典还包括斜纹软呢外套、金属链带菱纹包、镀金双C锁扣、山茶花图案装饰。

Coco Chanel一生中，仰慕她的情人不断，但她于88岁去世时仍是单身。从一个孤儿到“法国时装之母”，她的传奇人生被拍摄成《时尚先锋香奈儿》（*Coco before Chanel*）和《香奈儿秘密情史》（*Coco Chanel & Igor Stravinsky*）等电影。

法国女装名牌Chanel。

《欲望都市》经典景点 8

735 Madison Ave.(between 64th St.& 65th St.)

（212）535-5505

地铁F到Lexington Av/63 St站
地铁N、Q、R到5 Av/59 St站
地铁4、6、6X到68 St - Hunter College站

www.chanel.com

莎曼珊假刘玉玲之名，想插队得到爱马仕（Hermès）柏金包（Birkin Bag）

剧情：

莎曼珊超级想要个爱马仕柏金包，但得知买这个包得慢慢排队，她忍不住假借大明星刘玉玲（Lucy Liu）的名义买，嚣张行为传到刘玉玲耳里，两人合作关系因此破裂。

出处： 59集（第4季第11集）*Coulda, Woulda, Shoulda*（中文版名：《孕事风波》）

地点介绍：

1837年，Thierry Hermès在巴黎创立了爱马仕（Hermès）马具制造公司。19世纪90年代，爱马仕制作出了最早的手提袋。20世纪20年代，爱马仕积极开发旅行袋、皮带、珠宝、手表、丝巾等，并在纽约开了第一家海外专卖店。

爱马仕最经典的皮革包款是凯莉包（Kelly Bag）和柏金包（Birkin Bag）。凯莉包的命名，是摩纳哥王妃格蕾丝·凯莉（Grace Kelly）在怀着卡萝琳公主（Caroline）时，被杂志拍到她以包包遮掩凸肚的照片，此包因而受到瞩目，后经王妃同意命名。凯莉包全部以手工完成，内侧会标示制造的工匠代码，未来送修、保养，都由同一个师傅服务，包包还会帮顾客缝上个人英文名字。如此讲究的制作流程与后续服务，使得它的价格居高不下，且必须事先预订，有时甚至得等上好几年才能买到。

而柏金包的命名由来，是因某次爱马仕总裁杜迈（Jean-Louis Dumas）搭机时，邻座是20世纪60年代走红法国的英国女歌手珍·柏金（Jane Birkin），她因常常要到各地巡演，向杜迈表示希望能有一个方便旅行的包包，结果这个愿望促成了柏金包的诞生。柏金包也如同凯莉包一样讲究，还有软硬两种形式。

值得一提的是，爱马仕自1937年第一条丝巾问世到现在，已超过900款，由于色彩多变、手工考究而成为明星商品。一条爱马仕丝巾最多会利用到40种颜色，从设计到完成需要一年半的时间。

地址：691 Madison Ave.

电话：（212）751-3181

交通：地铁F到Lexington Av/63 St站
地铁N、Q、R到5 Av/59 St 站
地铁4、5、6、6X到59 St站

网址：www.usa.Hermès.com

660 Madison Ave.
（212）826-8900
地铁N、Q、R到5 Av/59 St站
地铁4、5、6、6X到59 St站
地铁N、Q、R到Lexington Av/59 St站
周一到周五10am~8pm；周六10am~7pm；周日11am~6pm
www.barneys.com

夏绿蒂在巴尼百货（Barneys）体验盲人不便，凯莉却迷失在鞋区

剧情：

一心想当义工帮助盲人的夏绿蒂，为亲身体会盲人生活的不便，她在巴尼百货蒙上眼睛逛街。而原本要为夏绿蒂导盲的凯莉，来到以折扣名牌鞋出名的巴尼百货，禁不住诱惑猛试鞋，没有好好看住好友。

出处：87集（第6季第13集）*Let There Be Light*（中文版名：《完美情人》）

地点介绍：

巴尼百货（Barneys）、波道夫古德曼百货（Berdgorf Goodman）和萨克斯第五大道百货（Saks Fifth Avenue）是纽约高档百货三巨头。其中Barneys虽然和其

橱窗布置有着独特的幽默感。

他两家一样走奢华路线，但是整体感觉更年轻活泼，这点从他们天马行空的橱窗布置中就能感受得到。而让凯莉“沦陷”的鞋区，有天鹅绒的地毯和沙发、玻璃为主的装潢，加上鞋款绚丽有型，怪不得她一走进去就不能自拔。

5楼的CO-OP是专为年轻人开设的，聚集了像Marc by Marc Jacobs之类价格稍微便宜一点的名牌，此外还有很多新锐设计师的品牌，很符合纽约的个性穿搭。Barneys在曼哈顿还有多家CO-OP分店——苏活店（116 Wooster St.）、雀儿喜店（236 W.18th St.）、上西城店（2151 Broadway）。

Barneys每年2月中和8月中的Warehouse Sale特卖会，总是造成疯狂（全美只有纽约和洛杉矶才有这样的特卖活动），名牌服饰多下杀到半价以下，倒数前两天甚至会低到2.5折，可说已到乱卖一通的程度，因此通常是早上8点开放进场，清晨5点就有人在排队。

10天折扣期间可说是全城一大盛事，姊妹们常会分享寻宝心得，像剧中凯莉和Stanford就讨论过这个话题。请注意Warehouse Sale的地点不在Upper East Side这里，而是在Chelsea区（255 West 17th St.）。

《欲望都市》经典景点

11

现在Lumi的布置较电影中鲜艳明亮。

挺着大肚子的夏绿蒂在卢米餐厅（Lumi）大骂Mr. Big

剧情：

夏绿蒂挺着大肚子在这里和Mr. Big不期而遇，气得她立刻夺门而出，并且搬出早已准备好要骂他的话：“I curse the day you were born!”（你真不该出生在这世上），由于情绪太激动导致羊水破裂，Mr. Big赶紧将她送医。

出处： 电影版第1集

地点介绍：

卢米餐厅（Lumi）的大厨Matteo Temprerini曾获得米其林1颗星的荣誉。走进店内，左边有漂亮的壁炉，走温馨路线；右边则有美术馆的感觉，《欲望都市》就是在这个区域取景，不过现在的布置较电影中鲜艳明亮。

美味爽口的意大利面是这家店的招牌，尤其博得我们欢心的是，面还可以只点半份，这样点菜就能更多样了。这家鲑鱼意大利面里面的鲑鱼，多到令人吃惊的地步，半份只要14美元，在此特别推荐。

地址：963 Lexington Ave.at 70th St.
电话：（212）570-2335
交通：地铁6到68th St-Hunter College站
时间：周一到周五12noon~11:30pm；
周六11:30am~11:30pm；
周日11:30am~10:30pm
网址：www.lumirestaurant.com

米兰达疯狂想吃Payard Patisserie & Bistro的巧克力蛋糕，填补缺少伴侣的寂寞（现在店名已改为FP Patisserie）

剧情：

米兰达为了安慰自己缺少性伴侣的失落，疯狂想吃巧克力蛋糕填补寂寞，她被知名甜点店Payard Patisserie & Bistro（现在店名已改为FP Patisserie）里的各式蛋糕诱惑着，一直无法下决定买哪一个，还得请教店员意见。好不容易选好了，却得知蛋糕要价74块半美金，连她这高薪一族都傻眼，决定放弃。

出处： 52集（第4季第4集）*What's Sex Got to Do With It?*

（中文版名：《与“性”何干？》）

地点介绍：

被欲望四姊妹盛赞是全纽约最好吃的甜点店Payard Patisserie & Eistro（1032 Lexington Ave.），虽然拥有高知名度和许多贵妇捧场，但2009年2月却因租约问题结束营业。法国师傅Francios Payard之后以他自己名字的简称FP Patisserie为名，又在上东城的1293 3rd Ave.以及中城的Plaza Hotel地下一楼美食区另觅新家。Francios Payard从小在祖父开的甜点店长大，对手工甜点制作非常熟悉，造型精巧和真材实料是他的作品特色。虽然剧中强调它价格昂贵，但如果不是购买整个蛋糕，下午茶分量的招牌蛋糕罗浮宫（Louvre）一个7美元，滑溜如镜面的质感外壳，内有层次分明的巧克力、榛果、饼干和蛋糕，用这个数字换一个甜蜜的午后时光，值得。Francios Payard还有多家面包烘焙店Francios Payard Bakery，包括哥伦布圆环店（1775 Broadway）、格林尼治村店（116 West Houston St.）、炮台公园店（210 Murray St.）。

FP Patisserie巧克力出自法国甜点名厨Francios Payard之手。

地址：1293 3rd Ave.(between 75th St.& 74th St.)

电话：（212）717-5252

交通：地铁4、5、6、6X到 59 St
地铁N、Q、R到 Lexington Av/59 St
地铁F到Lexington Av/63 St

营业时间：周一到周六7am~8pm；周日9am~6pm

网址：www.fppatisserie.com

热爱时尚的凯莉，曾在布鲁明岱尔百货（Bloomingdale's）工作

剧情：

凯莉回忆与好姊妹米兰达的相识，是在1989年的Bloomingdale's百货，她说："我在礼服部工作，她在试衣间里大哭。"

出处： 电影版第2集

地点介绍：

布鲁明岱尔百货（Bloomingdale's）成立于1861年，是美国最大百货公司Macy's的姊妹店，但品牌较Macy's摩登。影集《老友记》（*Friends*）的瑞秋（Rachel）和戏里的凯莉一样，都曾经在这工作；电影《缘分天注定》（*Serendipity*）里的男女主角，则是在此挑到同一双手套而结缘。有别于纽约三大精品百货的高档，Bloomingdale's属于中价位，通常每年5月至7月、11月至1月都有大特价。

布鲁明岱尔百货的圣诞橱窗带大家走进奇幻世界。

- 地址：1000 3rd Ave. (between 59th St.& 60th St.)
- 电话：（212）705-2000
- 交通：地铁4、5、6、6X到 59 St
  地铁N、Q、R到 Lexington Av/59 St
  地铁F到Lexington Av/63 St
- 时间：周一到周四10am~8:30pm；
  周五周六10am~10pm；
  周日11am~7pm
- 网址：www.bloomingdales.com

奇缘餐厅有许多花哨的纪念商品。

其他必游景点……

1

225 E. 60th St.(between 2nd Ave.& 3rd Ave.)
(212) 838-3531
地铁4、5、6、6X到 59 St
地铁N、Q、R到 Lexington Av/59 St
地铁F到Lexington Av/63 St
周日到周四11:30am~12midnight；
周五11:30~1am；周六11:30~2am
www.serendipity3.com

《缘分天注定》和《一日钟情》的奇缘餐厅

Serendipity 3

地点介绍：

拥有童话般装潢的奇缘餐厅（Serendipity 3），是纽约客热爱的甜点、巧克力、冰淇淋餐厅，也有汉堡等熟食正餐。这家店即使冬天也有许多人为冰淇淋而来，常见排队人潮。电影《缘分天注定》里，莎拉（凯特·贝金赛Kate Beckinsale饰）为了向强纳森（约翰·库萨克John Cusack饰）表达谢意，特别请他吃这家的招牌冰品Frrrozen Hot Chocolate，也就是急速冷冻的热巧克力，另外在电影《一日钟情》（*One Fine Day*）里，单亲妈妈梅兰妮（米歇尔·菲佛Michelle Pfeiffer饰）是带着小朋友们来吃Frrrozen Hot Chocolate。Serendipity 3的纪念品都造型奇特，很有他们的风格。

拉杜丽的马卡龙是《绯闻女孩》女主角们的最爱

Ladurée

地点介绍：

在影集《绯闻女孩》（*Gossip Girl*）里，拉杜丽（Ladurée）的马卡龙是（Macaron）是两位女主角布蕾尔（Blair）和瑟蕾娜（Serena）最爱的甜点，她们俩曾在巴黎街头开心享用，布蕾尔也曾在浴缸里伤心地吃着，剧中的马卡龙太抢镜，也让Ladurée人气陷入疯狂。

早在《绯闻女孩》追捧之前，创始于1862年的Ladurée就已经在巴黎红透半边天，他们将这种小巧又光滑的杏仁甜点，做成色彩缤纷的各种口味，整个店面走巴洛克宫廷风，礼盒采用嫩绿和淡紫色系的梦幻包装，处处令人惊艳，一直是巴黎观光旅游的热门景点之一。目前Ladurée在亚洲的日本、韩国和中国香港也设有分店。现在这家老牌甜点店还进攻化妆品市场，他们和日本保养品品牌Albion合作，推出了名为The Wonders of Ladurée品牌的口红、腮红和粉底液等，卡哇伊得令人爱不释手。

其他必游景点……

2

- 864 Madison Ave.(between 72nd St. & 71st St.)
- （646）558-3157
- 地铁4、6、6X到77 St站
  地铁4、6、6X到68 St - Hunter College站
  地铁F到Lexington Av/63 St
- 周一到周六9am~7pm；周日10am~6pm
- www.laduree.fr/en/scene

Ladurée的马卡龙口感细致、包装梦幻。

上东城 Upper East Side

- 3-1 **古根汉美术馆** / Solomon R. Guggenheim Museum
  1071 5th Ave.(at 89th St.)
- 3-2 **纽约大都会博物馆** / Metropolitan Museum of Art
  1000 5th Ave.
- 3-3 The Carlyle**的白蒙酒吧** / Bemelmans Bar
  35 E. 76th St. (Madison Ave. at 76th St.)
- 3-4 **王薇薇婚纱设计** / Vera Wang
  991 Madison Ave. (between 76th St. & 77th St.)
- 3-5 **法国女鞋名牌"红底鞋"** / Christian Louboutin
  965 Madison Ave.
- 3-6 **意大利名牌服饰** / Dolce & Gabbana
  825 Madison Ave. (between 68th St. & 69th St.)
- 3-7 **意大利内衣名牌** / La Perla
  777 Madison Ave.(between 66th St.& 67th St.)
- 3-8 **香奈儿** / Chanel
  735 Madison Ave.(between 64th St.& 65th St.)
- 3-9 **爱马仕**/ Hermes Boutique
  691 Madison Ave.
- 3-10 **巴尼百货** / Barneys New York
  660 Madison Ave.
- 3-11 **卢米**Lumi / 意大利餐厅
  963 Lexington Ave. at 70th St.
- 3-12 FP Patisserie / （Payard Patisserie & Bistro的新店名）
  1293 3rd Ave.(between 75th St.& 74th St.)
- 3-13 **布鲁明岱尔百货**/ Bloomingdale's
  1000 3rd Ave.(between 59th St.& 60th St.)
- 3-Q1 **奇缘餐厅** / Serendipity 3
  225 E. 60th St.(between 2nd Ave.& 3rd Ave.)
- 3-Q2 **拉杜丽**Laduree /马卡龙专卖店
  864 Madison Ave.(between 72nd St. & 71st St.)

https://maps.google.com/maps/ms?msid=204321338147695703909.0004cba5cf9fb490e25a5&msa=0&ll=40.772352,-73.964767&spn=0.02769,0.055747

Midtown

04 中城

第五大道的名牌、帝国大厦的夜景、梅西百货的游行、中央车站的忙碌人潮、百老汇的音乐歌舞剧、时代广场的跨年倒数……这些位于中城、大家耳熟能详的地标与活动，共同交织出了中城的形象，而这个形象，也正是全世界的人对纽约的第一印象——奢华、璀璨、热闹、喧嚣、绚丽、疯狂。

曼哈顿59街以北地区称为上城（Uptown）；14街以南地区称为下城（Downtown）；14街与59街之间地区称为中城（Midtown），其中第五大道是东、西区的分界线。因为中城范围太大，Midtown East与Midtown West的标示有助辨认大方向。在中城玩耍，对以地铁为主要交通工具的观光客而言，建议分成A、B、C、D几个区域，也就是锁定四五个关键地铁站，然后步行踏遍附近的景点。

A区域：只要坐上地铁N、Q、R到5 Av/59 St站，或是E、M到5 Av/53 St站，就像进了超级大宝库一样，这里涵盖了Midtown East非逛不可的广场饭店、波道夫古德曼百货、第五大道各名牌店和著名餐厅、纽约现代艺术美术馆等地，沿路目不暇接，一路就晃到了中城中央的洛克菲勒中心。（若是要直捣观光景点密集的洛克菲勒中心，就坐地铁B、D、F、M到47 - 50 Sts - Rockefeller Ctr站）

B区域：地铁1、2、3、N、Q、R、S、7、7X的Times Sq-42 St站，有绝对不能错过的时代广场、百老汇剧院区，坐到这站也可踏遍Midtown West附近景点。

C区域：地铁B、D、F、M的42 St - Bryant Pk站，或地铁4、5、6、6X、7、7X、S的Grand Central - 42 St站附近，集合了著名的中央车站、纽约公共图书馆、布莱恩公园和克莱斯勒大厦等地。

D区域：地铁B、D、F、M、N、Q、R到34 St - Herald Sq站，或地铁1、2、3、A、C、E到34 St - Penn Station站，必游景点梅西百货、帝国大厦、韩国城、麦迪逊花园广场都在这一带。

各区域之间要以步行连接也行，就看个人的时间安排和体力了。中城是《欲望都市》取景最多的地方，我们探访了将近30个，虽然“中城大暴走”让我们过程中累到频频哀号（此乃逛中城正常现象），但是直击现场的快乐和感动，永难忘怀。

广场饭店拥有气派的外观、奢华的内部装潢。

768 5th Ave.（58th St. & 59th St.间）
（212）546-5300
地铁E、M到5 Av/53 St站
地铁F到57 St站
地铁N、Q、R到5 Av/59 St站
www.theplaza.com

Mr. Big和Natasha订婚的广场饭店（The Plaza Hotel）

剧情：

凯莉在广场饭店门口，向刚刚和Natasha订婚的Mr. Big表示祝福（事实上是想问：为什么你不选我？）。她对他说："Your girl is lovely, Hubbell！"（哈贝尔，你的女孩是如此可爱！）*Big不懂这是什么意思，凯莉很酷地回答："Anc you never did."（你永远不会懂）

出处：（第2季第18集）*Ex and the City*（中文版名：《这时我终于明白》）

地点介绍：

电影《新娘大作战》（*Bride War*）中，姊妹淘丽芙（凯特·哈德森Kate Hudson饰）和埃玛（安妮·海瑟薇Anne Hathaway饰）为了争夺广场饭店（The Plaza Hotel）的婚礼排期而反目，可见这饭店的魅力。事实上，能在这里举行婚礼的确是无数女性的梦想，女星凯瑟琳·泽塔-琼斯（Catherine Zeta Jones）和迈克尔·道格拉斯（Michael Douglas）的豪华婚礼就是在这举办。

说到婚礼，在第2季第7集*The Chicken Dance*（中文版名：《闻鸡起舞》）中，米兰达心仪的男人Jeremy和她的室内装潢设计师Madeline决定闪电结婚，被迫担任"介绍人"的米兰达心情非常郁闷，而凯莉也因不好意思拒绝新人要求，不自在地朗诵情诗。剧中的婚礼就是在这里最富丽堂皇的Terrace Room举行，这个可以容纳500人的大厅，拥有仿照凡尔赛宫的巨大水晶吊灯，十分璀璨，一直以来都是上流社会举办婚礼、社交活动和慈善募捐的首选之地。

另外在第2季第8集*The Man, the Myth, the Viagra*（中文版名：《男人、神话、威而钢》）中，莎曼珊和一位有钱老头曾在这儿的雪茄吧The Oak Bar里调情，这个酒吧创立于1907年，原先是一个专供男士休闲的场所，在美国历史上的禁酒时期曾经关闭，1934年重新开业后成为纽约最火红的酒吧之一，内部的巨幅德国古堡壁画相当著名。不过由于拥有权易主，2012年再度暂时停业。

建于1907年的广场饭店位于中央公园的东南角，除了拥有绝佳视野和豪华气派的外观。一楼著名的Palm Court有令人赞叹的玻璃屋顶，浓缩了整座饭店的奢华，是纽约最著名的下午茶胜地之一。地下1楼则是食物精致又相对平价的美食广场，一定要安排一餐在这里好好享受一下。

*注：在电影《往日情怀》（The Way We Were）戏里，哈贝尔（罗伯特·雷德福 饰）是凯蒂（芭芭拉·史翠珊 饰）的老公。

欲望四姊妹为同志好友选购结婚礼物的波道夫古德曼百货（Bergdorf Goodman）

剧情1：

夏绿蒂即将嫁给家族财力雄厚、本身又是高薪族的医生Trey，因此选购家具自然进入贵妇最多的Bergdorf Goodman百货，不过挑选到一半，Trey突然拿出一份婚前协议书，表示这是家族传统，希望夏绿蒂看过之后签名。

出处：（第3季第10集）*All or Nothing*（中文版名：《孤注一掷》）

剧情2：

欲望四姊妹来此为她们的同志好友Stanford和Anthony选购结婚礼物。

出处：点影版第2集

地点介绍：

波道夫古德曼百货（Bergdorf Goodman）是纽约3大高档百货之一，它的女装部和男装部分别位于5th Ave. 和58th St.街口两端。这家老字号的百货公司以擅长展示设计闻名，每两周就换一次具有时尚感和故事性的橱窗是他们的传统，而新式做法包括大玩现场DJ炒热气氛、出动模特儿在店内来回走动大秀新装，可说用尽心思要让整家店动静皆美，也确实方方面面都令人惊艳。

Bergdorf Goodman的名字分别来自两位创建人。1889年，来自法国的Herman

地址：754 5th Ave.（between 57th St. & West 58th St.）
电话：（212）753-7300
交通：地铁N、Q、R到5 Av/59 St 站
地铁F到57 St 站
地铁E、M到5 Av/53 St站
时间：周一至周五10am~8pm；
周六10am~7pm；周日中午~6pm
网址：www.bergdorfgoodman.com

Bergdorf在纽约联合广场开了一家裁缝店，之后他的雇员Edwin Goodman买下了这家店，又将它搬到第五大道上，开始着重女装设计，并强调奢华装修，希望能让顾客有身处在博物馆与歌剧院中的感觉，果然这个做法把全纽约的贵妇都吸引了过来。

由于名门阔太太是消费主流，这里的香奈儿服饰特别齐全，甚至有一个夹层区专卖香奈儿。而店里除了有大家熟悉的各大名牌，也有全球只有12家的戈雅（Goyard）稀有名牌包，此款包包的特色是轻便耐用、材质超薄又防水，因王菲、舒淇青睐而在亚洲开始走红，全纽约只有Bergdorf Goodman和Barneys百货有专柜。2楼女鞋区里，凯莉的爱牌Manolo Blahnik、Christian Louboutin等样式都很齐全。

Bergdorf Goodman每年8月和9月有著名的5F特卖会，名牌女装会打到40% Off（6折）；到了清仓大甩卖和网站上的After-Christmas折扣超猛，可打到75% Off（2.5折）。此外，分别在4月和9月的Beauty Event是彩妆护肤产品大折扣。

巴黎戏院早年只放映法国片，现在以美国电影居多。

地址：4 W. 58th St.
电话：（212）688-3800
交通：地铁N、Q、R到5 Av/59 St站
地铁F到57 St站
地铁E、M到5 Av/53 St站
网址：www.theparistheatre.com

恢复单身的凯莉喜欢在巴黎戏院（Paris Theater）看戏享受独处时光

剧情：

和Aidan分手了，Mr. Big也去了加州，没有男伴的凯莉开始学着享受单身，她发现在纽约可以填满生活的事太多了：博物馆、公园、戏院、演唱会、夜总会，以及数不清的餐厅，但其中最棒的一件事，就是可以在任何一晚去“巴黎戏院”。

出处：（第5季第1集）*Anchors Away*（中文版名：《挚爱理论》）

地点介绍：

究竟是什么样的戏院，让凯莉如此享受其中？就在广场饭店隔壁的巴黎戏院（Paris Theater），建于20世纪60年代，以复古情调、华丽装潢著称，这里早期只放映法国片，现在则无此限制，甚至以美国电影居多，不过走进戏院还是能感受到法式风情，很适合凯莉这种文艺感的都会女郎。

《欲望都市》经典景点

4

法国名牌Louis Vuitton。

凯莉送助理Louise的圣诞礼物——路易威登（Louis Vuitton）名牌包

剧情：

圣诞来临，凯莉助理Louise准备回乡过节前，体贴地拿出给凯莉的圣诞礼物《相逢圣路易》（*Meet Me in St. Louis*）电影DVD，没想到凯莉回赠她的是Louis Vuitton的Firebird包包，看到Louise喜出望外的样子，凯莉也备感开心。

出处：电影版第1集

地点介绍：

名牌界的天王路易威登（Louis Vuitton），在《欲望都市》电视版中似乎没有被特别介绍，不过在电影版第1集里，LV的包包和钥匙圈可都出尽风头。品牌创始人Louis Vuitton原为拿破仑三世皇后的御用捆工，为解决皇后出行的衣物携带问题，他研究出超级耐用的行李箱。1854年他便以Louis Vuitton为名在巴黎开旅行用品店。

结合花朵、正负钻石和LV字样的Monogram花纹，是第二代传人Georges Vuitton亲自设计的图案组合，从1896年推出后便成为LV经典图腾。LV的材料非真皮，而是以类似油画布的材料（帆布），涂上防水PVC、印上标准图案后再压纹，每款行李箱和包包的

1 E. 57th St.（between 5th Ave. & Madison Ave.）
（212）758-8877
地铁N、Q、R到5 Av/59 St站
地铁F到57 St 站
地铁E、M到5 Av/53 St 站
]www.louisvuitton.com

加工程序都在100道以上，以保证产品耐压、耐磨、不变形、不褪色、花纹完整。一直有传闻说Titanic的沉船里发现有保存完好的LV皮箱，这个传说加强了世人对它的推崇。LV自1997 年邀请时尚鬼才Marc Jacobs担任艺术总监后，再造辉煌，他与日本视觉艺术家村上隆合作的樱花包，与美国前卫时尚艺术家Stephen Sprouse（1953—2004）合作的涂鸦包，一再展现LV源源不绝的创意，剧中配色大胆的红黄棕火鸟包，是和美国拼贴艺术家Richard Prince合作的。不过2013年10月LV已结束了与Marc Jacobs长达16年的合作关系，由巴黎世家（Balenciaga）前创意总监Nicolas Ghesquiere接任，法式极简优雅是他的设计风格。

经过第五大道的蒂芬妮珠宝店（Tiffany）时，Trey突然为夏绿蒂买结婚戒指

剧情：

当夏绿蒂和未婚夫Trey散步经过第五大道上的Tiffany时，Trey不经意地说：“我们进去买个婚戒吧！”这个突如其来的举动，让一直期待“能被浪漫求婚”的夏绿蒂惊喜不已、感动万分。不过后来夏绿蒂为了资助凯莉渡过难关，将这两克拉的Tiffany钻戒换成了支付凯莉公寓的头期款。

出处：（第3季第9集）*Easy Come, Easy Go*（中文版名：《来得快，去得快》）

地点介绍：

白色的缎带、水蓝色的盒子、优雅迷人的饰品……如此动人的组合，就是蒂芬妮（Tiffany）令女人完全无法抗拒的魅力。在电影《蒂凡尼的早餐》（*Breakfast at Tiffany's*）中，奥黛丽·赫本（Audrey Hepburn）时常流连在Tiffany的橱窗前，一边盯着高档的珠宝，一边吃着低价的早餐，梦想自己有一天能够拥有。奥黛丽·赫本“渴望的表情”不但成为经典镜头，也成为Tiffany的最佳宣传。

1837年，出身康乃狄克州磨坊之家的Charles Lewis Tiffany来到纽约闯天下，开设了一家文具和织品小店，之后转为经营珠宝首饰。由于Charles拥有绝佳的生意头脑，加上儿子Louis Comfort Tiffany钻研珠宝设计，发明了独特的螺旋形纹理和多面形钻石切割工艺，使店内钻饰更加光彩夺目，尤其1886年发布的经典六爪钻戒（Tiffany Setting），更成为婚戒中的梦幻逸品。

《欲望都市》经典景点

5

美国名牌Tiffany。

地址: 727 5th Ave.（between 56th St. & 57th St.）
电话: （212）755-8000
交通: 地铁N、Q、R到5 Av/59 St站
地铁E、M到5 Av/53 St站
地铁F到57 St站
网址: www.tiffany.com

法国名牌Christian Dior。

凯莉掉进中央公园湖里时拿着克里斯汀迪奥（Christian Dior）包包

剧情：

凯莉和Mr. Big双双掉入中央公园湖里的一幕，相信观众都印象深刻，甚至连她当时带什么包包都记得，因为落水后凯莉还大喊一声："My Dior Purse！"结果Big立刻做出一个潜水姿势说："I'll get it！"颇为爆笑。在第3季里，凯莉对Christian Dior的包包特别钟爱，尤其是好几款马鞍包（Saddle Bag）不停亮相，令人目不暇接。

出处：（第3季第18集）318 *Cock a Doodle Do*!（中文版名：《屋顶派对》）

地点介绍：

1905年出生于法国诺曼底富裕之家的克里斯汀·迪奥（Christian Dior），少年时已展现设计天分，后来虽然听从父母之命，舍艺术念政治，但毕业后他还是从事艺术工作，从开画廊、设计帽子，到制作礼服与套装，都表现出色。1947年，他建立同名时装品牌Christian Dior（简称CD），古典优雅中特别强调女性曲线美，为当时服装界带来了革命性震撼。

身为CD包包代表作的Lady Dior戴妃包，源于1995年英国戴安娜王妃Lady Diana出访法国时，法国总统希拉克夫人为表示欢迎之意，特别邀请CD设计师为她设计包包，此包拥有皇室风范的格纹、椭圆形拉链装饰，并以24K金打造D、I、O、R串饰，深得王妃喜爱，她自己又买下数十个不同材质大小的，之后此款包包正式命名为Lady Dior黛妃包。

2000年，由设计师John Galliano发表的马鞍包，不规则的奇特形状，加上融入20世纪80年代闪亮摇滚的牛仔风设计，是继戴妃包之后，Dior的另一款经典包。

地址：21 E. 57th St.（between 5th Ave. & Madison Ave.）
电话：（212）931-2950
交通：地铁N、Q、R到5 Av/59 St站
地铁E、M到5 Av/53 St站
地铁4、5、6、6X到59 St站
网址：www.dior.com

凯莉与Ray King在道（Tao）餐厅约会时，撞见Mr. Big和他的模特儿女伴Sha

剧情：

凯莉正与爵士乐手Ray King约会时，撞见Big和他的模特儿女伴Sha，四人关系尴尬。然而，更戏剧化的是，巴西女艺术家Maria Diega Reyes在此向莎曼珊表明爱意后，莎曼珊也决定不再自我设限，蕾丝边关系从此展开。

出处： 51集（第4季第3集）*Defining Moments*（中文版名：《旧情人新朋友》）

地点介绍：

取名为“道”（Tao）的亚洲禅风餐厅，原为戏院，从2000年改装开业后就一直拥有高人气，生意火爆，不少名人像比尔·盖茨（Bill Gates）、大卫·科波菲尔（David Copperfield，美国知名魔术大师）、妮可·基德曼（Nicole Kidman）都曾前来捧场。餐厅内有一尊两层楼高的金色佛像，屋顶悬挂着巨幅书法，有宋徽宗以著名瘦金体所写的“诗帖”，以及王羲之以行书体所写的《兰亭集序》，在蜡烛的微光中观赏着，气势壮阔而神秘。

餐饮结合中、日、韩、越、泰等各种亚洲美食，剧中Ray King和凯莉偏爱泰式炒米粉，我们则推荐它的北京烤鸭炒饭，用料扎实又够味，15美元一大盘。此外，清淡的日式寿司和生鱼片、香辣的咖喱系列、炸香蕉布丁甜点都很受欢迎。这里的午间套餐很实惠，包括前菜、主菜及甜点一共27.5美元。

42 E. 58th St.（between Madison Ave. & Park Ave.）

（212）888-2288

地铁4、5、6、6X到59 St站
地铁N、Q、R到5 Av/59 St站
地铁N、Q、R到Lexington Av/59 St站

周一 9 am~12midnight；周二周三 11:30 am~12 midnight；
周四周五 11:30 am~1 am；
周六 5 pm~1 am；周日 5 pm~12 midnight

www.taorestaurant.com

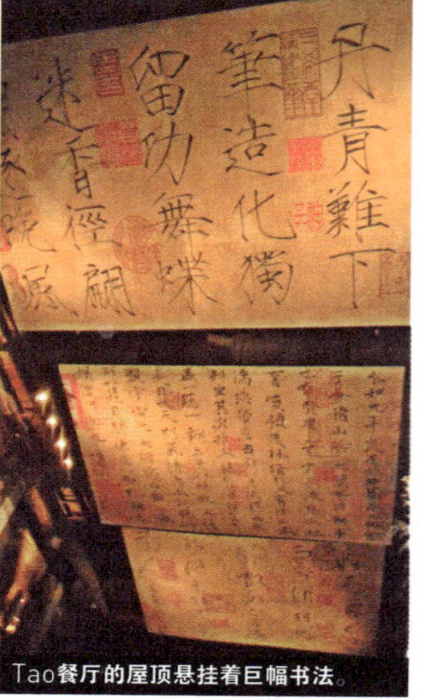
Tao餐厅的屋顶悬挂着巨幅书法。

《慾望城市》經典景點

8

在猴子酒吧里，无论壁画、装饰、酒单上都有可爱的小猴子。

Mr. Big和凯莉在猴子酒吧（Monkey Bar）约会时，从耳后变出香烟耍帅

剧情：

分分合合的凯莉和Mr. Big在此试着重建友谊。Big在吧台耍帅，从耳后变出一支香烟的模样，真是酷啊！

出处：（第4季第3集）*Defining Moments*（中文版名：《旧情人新朋友》）

地点介绍：

猴子酒吧（Monkey Bar）店内包括台灯等装饰都以猴子作为题材，墙上生动的猴子壁画尤其出名，酒单上画着倒酒的小猴子也很可爱，处处令人感觉放松愉快。虽说这里一杯鸡尾酒大约要价17美元，相对较贵，但到此小酌一杯的常客非常多，想必都是被这里温馨的氛围所吸引。

以法国料理驰名的Monkey Bar位于老牌饭店Hotel Elysee里，这个饭店当年是众星云集的地方，老教父演员马龙·白兰度（Marlon Brando）和洋基棒球队传奇球员乔·狄马乔（Joe DiMaggio，也是玛丽莲·梦露前夫）都是这里的常客。

- 60 East 54th St.（between Madison & Park Ave.）
- （212）288-1010
- 地铁E、M到5 Av/53 St站
地铁4、6、6X到51 St站
地铁E、M到Lexington Av/53 St站
- 周一到周五 11:30am~11pm；周六 5：30pm~2am；周日休息
- www.monkeybarnewyork.com

N.Y

莎曼珊和小男友Smith在牛与熊餐厅（Bull & Bear Steak House）大玩角色扮演

剧情：

“史密斯特务，你跑来这里，那现在谁来保护总统？”莎曼珊和小男友Smith在这间高档牛排馆里，沉迷于角色扮演的游戏，对话十分有趣。不过，动了真情的Smith不希望两人只是玩玩，而是能够更加相互了解，因此提议“演自己”。

出处： 78集（第6季第4集）*Pick-A-Little, Talk-A-Little*（中文版名：《祸从口出》）

老牌饭店豪华尊贵，各国元首政要的纽约行多安排至此。

301 Park Ave.
（between 49th St. & 50th St.）

（212）872-4900

地铁4、6、6X到51 St站
地铁E、M到5 Av/53 St站
地铁E、M到Lexington Av/53 St站

周一到周日 5pm~11pm

www.bullandbearsteakhouse.com

地点介绍：

“牛”与“熊”餐厅？哈！真是充满股市涨跌的氛围啊，难怪华尔街金融精英们特别喜欢在此聚会。当然这里极受欢迎的主因是它的牛排太好吃，经过认证、熟成处理的安格斯牛肉，配上以苹果、西洋芹、核桃仁配成的Waldorf色拉，是这里的招牌。需要注意的是，与许多高档餐厅一样，这里只供应晚餐，中午不营业。

这家高档牛排馆所属的华尔道夫饭店（Waldorf Astoria Hotel），大有来头，1893年开业时曾是全球最豪华的酒店，自胡佛总统以后，每位造访纽约市的美国总统都曾下榻于此，各国元首政要的纽约行也多安排至此，包括1896年曾接待过大清帝国前直隶总督兼北洋大臣李鸿章。

Waldorf Astoria Hotel也是电影《闻香识女人》（*Scent of a Woman*）的重要拍摄地，退休中校史法兰（艾尔·帕西诺Al Pacino饰）打算在自我了结之前，在纽约好好玩乐，并在这家他最怀念的饭店里好好享受。此外，电影《缘分天注定》（*Serendipity*）里，男女主角在这里玩“缘分游戏”，他们搭着不同电梯、随意按楼层，看看会不会心有灵犀在同一层楼相逢。

凯莉在圣帕特里克大教堂（St. Patrick's Cathedral）前拿花猛打毁婚的Mr. Big

剧情：

悔婚几分钟后，Mr. Big突然意识到自己铸成大错，虽然行驶在单行道上仍冒险掉头，结果在圣帕特里克大教堂前，拦截住凯莉的结婚礼车，他本想道歉或者挽回，但为时已晚，愤怒的凯莉冲下车后拿捧花朝他猛砸，洁白的花瓣在教堂前散落一地。

出处： 电影版第1集

地点介绍：

圣帕特里克大教堂（St. Patrick's Cathedral）是纽约最大、最华丽的天主教堂，里面有2400个座位。它是典型的哥特式建筑，有着气势磅礴的铜门、7380支音管组成的大型管风琴，还有美得令人赞叹不已的玫瑰窗。

教堂的外部刻着极为华丽的雕饰，一对高耸的尖塔气势雄伟。隔着马路的对面，站着一尊也很雄伟的青铜雕像，是希腊神话中泰坦神之一的阿特拉斯巨人（Atlas），高15尺双手举起扛住一个直径21尺的空心大圆球。在希腊神话中，阿特拉斯因为不服从奥林匹亚众神的旨意，被父亲宙斯处罚以双肩扛天来平息众神之怒。他也是洛克菲勒中心金色雕像普罗米修斯（Prometheus）的兄弟。站在巨人雕像后面拍摄圣帕特里克大教堂，绝对会是一张杰作。

圣帕特里克是爱尔兰移民的守护神，1858年，爱尔兰移民在这里建立属于自己的教堂，后来一度因为南北战争停摆，直到20年后的1879 年才全部完成。每年的3月17日圣帕特里克日（St. Patrick's Day）都会举办纪念圣者帕特里克的大游行，以此教堂为中心，游行者都穿着代表幸运酢浆草（Shamrock）的绿色服饰欢庆这个节日。

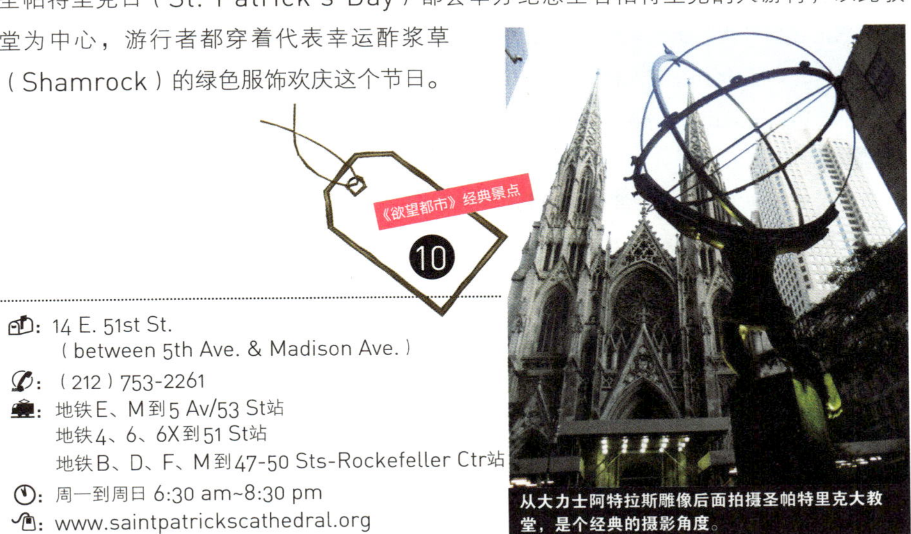

地址：14 E. 51st St.（between 5th Ave. & Madison Ave.）

电话：（212）753-2261

交通：地铁E、M到5 Av/53 St站
地铁4、6、6X到51 St站
地铁B、D、F、M到47-50 Sts-Rockefeller Ctr站

时间：周一到周日 6:30 am~8:30 pm

网址：www.saintpatrickscathedral.org

从大力士阿特拉斯雕像后面拍摄圣帕特里克大教堂，是个经典的摄影角度。

意大利名牌Fendi。

凯莉遭歹徒抢包，还忍不住强调包包是名牌芬迪（Fendi）的

剧情1：

Mr. Big在餐厅里告诉凯莉他要和Natasha结婚，凯莉气得一边骂他、一边拿包包准备离开，这时她的Fendi包长背带把椅子钩倒，场面混乱惊动了整个餐厅。

出处：（第2季第18集）*Ex and the City*（中文版名：《这时我终于明白》）

剧情2：

莎曼珊带着仿冒的Fendi包参加Party，突然一下子找不到包，刚好旁边有位小姐背着和她一模一样的Fendi包，莎曼珊指控对方偷包，还大言不惭地说这是假货而且里面有保险套，结果打开一看没保险套而且是正牌，四姊妹狼狈离场。

出处：（第3季第14集）*Sex and Another City*（中文版名：《洛杉矶游记》）

剧情3：

一身名牌的凯莉在小巷中遭抢，当歹徒说“把包包给我！”之后，身为“时尚达人”的她还忍不住补充说：“It's a Baguette.”强调这是Fendi的Baguette款包包。后来歹徒还抢了她的Manolo Blahnik鞋。

出处：（第3季第17集）*What Goes Around Comes Around*（中文版名：《因果报应》）

地点介绍：

凯莉被歹徒抢走的Fendi Baguette包（Baguette是法国面包之意），是芬迪最经典的包款。取名“Baguette包”并不是因为它的形状很长，而是它散发出的潇洒气质，会令人联想到拿着Baguette的法国女人。1997年问世的Baguette包，款式简单小巧，但色彩、质料、花样千变万化，拥有不易撞包的优点。

双F图案的Fendi品牌，1925年由Edoardo Fendi夫妇在意大利罗马创立，初期是皮草和皮革制品店，在他们的5个女儿Paola、Anna、Franca、Carla、Alda全部参与经营后，产品更加多元富设计感，成功打入国际市场，“5姊妹的名牌店”也成了芬迪的品牌特色。不过1999年之后，芬迪被法国LVMH路易威登集团并购，不再是家族事业。

在时尚界有“老佛爷”之称的香奈儿设计总监卡尔·拉格斐（Karl Lagerfeld），也是芬迪设计总监。2007年，由他率领的一场芬迪奢华大秀，在中国万里长城上展开，耗资1千万美元的震撼视觉，让Fendi的形象和知名度大大提升。

《欲望都市》经典景点

11

- 677 5th Ave.
- （212）759-4646
- 地铁E、M到5 Av/53 St站
  地铁F到57 St站
  地铁N、Q、R到5 Av/59 St站
- www.fendi.com/en

法国名牌卡地亚Cartier。

Trey送给夏绿蒂的定情礼物是卡地亚（Cartier）手表

剧情：

热恋中的夏绿蒂收到Trey送的卡地亚定情表，迫不及待秀给凯莉看，上面还浓情蜜意地刻着“To Charlotte. It's about time I met you.”（致夏绿蒂，此刻遇上你。）兴奋至极的夏绿蒂很肯定地跟凯莉说自己已经认定他了。

出处：（第3季第8集）*The Big Time*（中文版名：《同居风波》）

地点介绍：

卡地亚（Cartier）有多款经典造型：美洲豹饰品、螺丝Love手镯与戒指、三环戒等。英国温莎公爵夫人的美洲豹胸针和火鹤胸针，见证“不爱江山爱美人”的浪漫爱情。而Love系列的戒指与手环，源起于20世纪70年代法国反战时期，本来设计含意在于象征真爱与和平，后来演变为宣告坚贞爱情的定情之物，尤其Love手镯最巧妙的地方在于——它要由恋人为彼此戴上并锁上螺丝，只有保存在对方那的特殊螺丝起子才能打开，仿佛是“爱的镣铐”，有永志不渝的意义，堪称经典中的经典。Cartier珠宝是由Louis-François Cartier于1847年在巴黎创立，1909年进军美国纽约，但Cartier的后代决定放手家族形态经营，1964年改由投资专家收购成为Cartier Monde，管理世界各地的业务。

地址：653 5th Ave.（between 51st St. & 52nd St.）
电话：（212）759-5282
交通：地铁E、M到5 Av/53 St站
地铁B、D、F、M到47 - 50 Sts - Rockefeller Ctr站
地铁4、6、6X到51 St站
网址：www.cartier.com

得知凯莉终于要结婚，夏绿蒂在现代餐厅（The Modern）里兴奋狂叫

剧情：

凯莉告诉夏绿蒂和米兰达她要结婚了，夏绿蒂兴奋地狂叫一声，还起身对全餐厅的客人解释理由——因好友终于要和相恋10年的男友步上红毯，结果全体鼓掌。

出处： 电影版第1集

地点介绍：

2005年开业的现代餐厅（The Modern），就位于纽约现代艺术美术馆（Museum of Modern Art，简称MoMA）里面，讲究又有型的餐具、宽阔又雅致的格局、落地窗外还有毕加索（Picasso）的雕塑作品，可以说室内室外都极尽艺术。

餐厅分为酒吧区和用餐区，用餐区的午餐都是套餐形式，2道菜加1甜点是55美元（1人），3道菜加一甜点是70美元（1人），当然餐厅的菜色也如艺术品般呈现，蘑菇酱脆皮鸭、香蕉鹅肝、杏仁味意式奶油布丁覆盖鱼子酱、柠檬拿破仑甜品……样样展现出大厨的功力，每样食物都美到让人不忍动嘴的地步。虽说价格贵了些，但是光是吃菜色的视觉效果，就觉得值得了。

《欲望都市》经典景点

12

室内室外都极尽艺术的The Modern餐厅。

地址：9 W. 53rd St.（between 5th Ave. & Avenue Of The Americas）

电话：（212）333-1220

交通：地铁E、M到5 Av/53 St站
地铁F到57 St站
地铁B、D、F、M到47 - 50 Sts - Rockefeller Ctr站

时间：（午餐）周一到周五 12 pm~2 pm；周六周日不供应
（晚餐）周一到周六5 pm~10:30 pm；周日不供应
（酒吧）周一到周四11:30am~10:30pm；周五周六11:30am~11:00pm；周日11:30am~9:30pm

网址：www.themodernnyc.com

Mr. Big向凯莉求婚时，为她穿上她最爱的马诺洛·布拉尼克（Manolo Blahnik）高跟鞋

剧情：

恋鞋癖凯莉，尤其为Manolo Blahnik痴狂，以下是她的多次发病情况：

1. 得知自己将和Mr.Big的新婚妻子Natasha在女性艺术工作者的午餐会上碰面，凯莉不惜花重金买了Manolo Blahnik彩色尖头高跟鞋迎战，似乎胜败就靠这双鞋了。
2. 遇到抢匪，什么都可以不要，只请求对方不要抢她脚上的Manolo Blahnik。
3. 到朋友家参加派对丢了双485美金的Manolo Blahnik，不惜牺牲友谊也要朋友赔。

《欲望都市》为了凸显Manolo Blahnik的重要性，还特别设计Mr.Big向凯莉求婚时不是送上戒指，而是为她穿上鞋子。

出处：（第3季第3集）*Attack of the Five Foot Ten Woman*
（中文版名：《完美情敌》）等多集

地点介绍：

西班牙时尚大师马诺洛·布拉尼克（Manolo Blahnik）所设计的女鞋，多为尖头、细跟，或有着缠绕脚踝的细绳，非常具有女人味。由于价格昂贵，原本只流行于演艺圈和上流社会，但经《欲望都市》强力宣传后，知名度大开，尤其电影版第1集中出现的宝蓝色“求婚鞋”，因为热卖，成了Manolo Blahnik强力主打鞋款，拥有红、黄、紫、咖啡色等多种选择。还记得凯莉进入*Vogue*杂志样品室中，一见到Manolo Blahnik的Mary Jane Shoes（玛莉珍鞋）就迫不及待试穿吗？这双玛莉珍鞋，俗称娃娃鞋，灵感来自漫画*Buster Brown*里小女孩Mary Jane所穿的鞋，脚背有一条皮带横过，显得很纯真。Manolo Blahnik将此鞋款塑造为亮面漆皮的高跟鞋，结合纯真、高雅及时尚感，大受欢迎并成为经典鞋款。

宝蓝色“求婚鞋”热卖，还有多种颜色选择。

地址：31 W.54th St.（between 5th Ave. & 6th Ave.）
电话：（212）582-3007
交通：地铁F到57 St站
地铁E、M到5 Av/53 St站
地铁B、D、E到7 Av站
网址：www.manoloblahnik.com

1942年出生的Manolo Blahnik，父亲为捷克籍、母亲为西班牙籍，由于母亲热爱研究英法时尚，深深影响他的美学品味。在巴黎学习美术后，他于1973年正式在伦敦开设女鞋店。老实说走访Manolo Blahnik在纽约中城的专卖店让我们很惊讶，因为店面外观实在很不起眼，不过进去后就是缤纷世界了，真正做到低调奢华啊。

Mr. Big 在21 Club吃饭时告诉凯莉要动心脏手术，她难过地当场大哭起来

剧情：

Mr. Big突然从加州回到纽约，令凯莉惊喜，不过当他表示回来是因为发现心脏血管栓塞，必须动手术时，凯莉突然大哭起来，尽管Big一派轻松说这只是像洗牙一样的小手术，凯莉还是哭得不能自已，惊动餐厅其他客人，由此可见她对Big的用情程度。

出处：（第6季第11集）*The Domino Effect*（中文版名：《骨牌效应》）

地点介绍：

凯莉在剧中猛夸这家的牛排，还跟Mr. Big说："打赌你在那帕（Napa，美国知名酒乡）吃不到像这样的牛排。"的确，这家牛排的肉质鲜嫩又有炙烤的香气，生熟度掌控恰到好处，确实是人间美味。

难怪21 Club自信地说，历任总统中，除了小布什外，其余的都来这里用餐过。事实上，从超多名流前来捧场，就知道这里的牛排有多"牛"了，甚至在餐厅网站上，还可以查到名人曾经用餐的座位图。它的酒窖也非常有名，用餐之后可以请求参观，侍者或许还会告诉你哪位总统喝过的酒在哪里。

1929年开张的21 Club外观气派，门口一排马术骑士雕像，诉说着这是当年有钱人家的聚集场所，每个雕像代表不同的私人马场。现在虽然欢迎普罗大众，但在服装要求上还是比较讲究，禁止球鞋、牛仔裤进场。由于走高档路线，每道菜几乎都在40美元以上，只有在每年两度的"纽约餐馆周"才有特价。虽然21 Club内部装潢古典庄重，但天花板上却有很多俏皮的"玩具"装饰，原来这些都是别具意义的收藏品，包括美式足球明星法兰克·吉福德（Frank Gifford）和约翰·里金斯（John Riggins）的头盔、网球明星克里斯·埃弗特（Chris Evert）和约翰·麦肯罗（John McEnroe，曾经连续4年排名世界第一）的球拍、早期的无线电话筒等，也有很多是前来用餐的名人所赠送。

- 21 W. 52nd St.（between 5th Ave. & Avenue Of The Americas）
- （212）582-7200
- 地铁E、M到5 Av/53 St站
地铁B、D、F、M到47 - 50 Sts - Rockefeller Ctr站
地铁F到57 St站
- www.21club.com

门口一排马术骑士雕像，诉说着这是当年有钱人家的聚集场所。

Aidan现任女友Nina Katz是NBC电视台《周末夜现场》（Saturday Night Live）节目制作

剧情：

凯莉紧张兮兮地觉得Aidan现任女友Nina Katz看她的眼神不对劲，一定是对她不爽，在得知Nina是NBC王牌节目《周末夜现场》（*Saturday Night Live*）的节目制作之后，更加不安，担心她会在电视台里说她坏话，因此想找她好好谈谈。

出处：（第5季第6集）*Critical Condition*（中文版名：《十万火急》）

地点介绍：

《周末夜现场》（*Saturday Night Live*）是美国老牌综艺节目，也是美国电视史上最长寿的节目之一，自1975年起固定在NBC台周六晚上11点半现场直播。此节目的最大特色是没有固定主持人，每周都由不同艺人担任主持且极尽搞笑之能事。

全长90分钟的节目内容，在固定喜剧班底设计下充满笑点。节目中常有布什（Bush）、奥巴马（Obama）、希拉里（Hillary Clinton）的分身搞笑，其中才女蒂娜·菲（Tina Fey）模仿的共和党副总统参选人莎拉·佩林（Sarah Palin）实在太像本尊引爆热烈讨论。事实上，许多“喜剧大咖”如史提夫·马丁（Steve Martin）、比尔·莫瑞（Bill Murray）、埃迪·墨菲（Eddie Murphy）、亚当·山德勒（Adam Sandler），当初都是从这个节目发迹，《周末夜现场》已是公认的美国搞笑人才大本营。NBC电视台所制作的高人气影集有《老友记》（*Friends*）、《急诊室的故事》（ER）、《我为喜剧狂》（*30 Rock*）等等，它有一个24美元的Studio Tour，行程约1个小时，开始会先介绍 NBC历史、讲解幕前幕后作业，并参观包括录制《周末夜现场》的多间摄影棚。1楼的纪念品店里有许多节目的周边商品，可以跟喜欢的主持人广告牌或娃娃合照。

电视台有约1小时的Studio Tour，可参观摄影棚

地址：30 Rockefeller Plaza
电话：（212）664-3700
交通：地铁B、D、F、M到47 - 50 Sts - Rockefeller Ctr站
地铁N、Q、R到49 St站
地铁E、M到5 Av/53 St站
时间：周一到周四 8:30 am~5:30 pm；
周五周六 8:30 am~6:30 pm；周日 9:15 am~4:30 pm
网址：www.nbcstudiotour.com

2012年11月佳士得拍卖会正在拍卖“波普艺术大师”安迪·沃霍尔的作品。

莎曼珊在佳士得拍卖会（Christie's Auction House）竞标花朵钻戒失败

剧情：

莎曼珊想在珠宝拍卖会里标下华丽的玫瑰花钻戒犒赏自己，没想到有个贵妇一直以电话联机的方式跟她飙价竞争，由于对方喊价极狠，最后她只好放弃。想不到回家后，小男友Smith竟然递上这个钻戒，让她又惊喜又不甘心。虽然男友有这份心意值得高兴，但她更希望戴着这个贵重珠宝时，看到的是自己的成就。

出处： 电影版第1集

地点介绍：

电影中的花朵钻戒拍卖会是一场真实的拍卖会，就位于洛克菲勒中心里的佳士得拍卖会（Christie's Auction House），这是刚离婚的贵妇Ellen Barkinde 的首饰，莎曼珊心仪的这枚戒指，出自全球最有影响力的法国珠宝设计师罗森塔尔（Joel Arthur Rosenthal，简称JAR）之手。剧中莎曼珊的男友用55 000美元的高价拍下这枚戒指，已经令人震惊，但实际上的成交价格是486 400美元，是剧中价格的9倍！

佳士得拍卖会创办人詹姆士·佳士得（James Christie，1730–1803）于1766年在伦敦举办首场拍卖会以来，拍出的艺术品、家具、珠宝及名酒等不计其数。我们在2012年11月走访会场时，这里正在拍卖“波普艺术大师”安迪·沃霍尔（Andy Warhol，1928-1987）的作品，包括黑白印刷版画*Three Targets*（《三个目标》），估价在100万到150万美元；一幅*Jacqueline Kennedy*（《杰奎琳·肯尼迪》）的肖像拼贴画，估价在20万到30万美元；还有一张冲印片*Self-Portrait in Fright Wig*（《戴着惊恐假发的自拍》），估价在2万美元。

地址：20 Rockefeller Plaza
电话：（212）468-7182
交通：地铁B、D、F、M 47 - 50 到Sts - Rockefeller Ctr站
地铁E、M 到5 Av/53 St
地铁N、Q、R 到49 St
时间：周一到周五9:30am~8pm；周六周日休息
网址：www.christies.com

《欲望都市》经典景点

17

无线电音乐城有各种精彩的歌舞戏剧演出。

Stanford的帅哥男友Marcus在无线电音乐城（Radio City Music Hall）表演舞蹈

剧情：

凯莉的同志好友Stanford交了个帅哥男友百老汇舞者Marcus，赶紧向她献宝："他是舞者，在无线电音乐城表演，去年圣诞节，他在胡桃夹子歌舞剧中演出阿拉伯咖啡舞曲。"

出处：（第5季第4集）*Cover Girl*（中文版名：《封面女郎》）

地点介绍：

无线电音乐城（Radio City Music Hall）在1932年开业，当时是全世界最豪华的表演场所，各种精彩的音乐、歌舞、戏剧演出都有，也包括"太阳马戏团"（Cirque du Soleil）的剧目。而从1933年开始的《无线电城圣诞奇观》（*The Radio City Christmas Spectacular*），更是纽约圣诞节经典活动，像在电影《教父》（*The Godfather*）第1集里，艾尔·帕西诺（Al Pacino）饰演的麦克·柯里昂（Michael Corleone）和女友凯（Kay，黛安·基顿 Diane Keaton 饰），圣诞节就来这里看表演。里面最著名的表演项目《火箭女郎舞蹈团》（*Rockettes*）堪称是世界上动作最精准的舞蹈团。无线电音乐城拥有144英尺长、66英尺宽的特大升降舞台，超亮LED背景天幕，视听效果极佳。大厅里的施华洛世奇水晶吊灯华贵气派，内部装潢着金属和玻璃制作的几何装饰品，表现着现代立体派风格的艺术美感。

地址：1260 6th Ave.
电话：（212）247-4777
交通：地铁B、D、F、M到47 - 50 Sts - Rockefeller Ctr站
地铁B、D、E到7 Av站
地铁N、Q、R到49 St站
网址：www.radiocity.com

Smith和莎曼珊一同出席在齐格飞戏院（Ziegfeld Theatre）的新片首映

剧情：

莎曼珊陪史密斯一同出席在齐格飞戏院举办的*Heart of the Desert*新戏首映会，她穿着赌气买下的“店员认为对她来说太年轻”的新洋装，结果还真不巧，和迪士尼频道出身的偶像女星麦莉希拉（Miley Cyrus）在红地毯撞衫了，场面一时尴尬，最后两人干脆以合照化解。

出处： 电影版第2集

地点介绍：

纽约老牌戏院齐格飞（Ziegfeld Theatre），是由创造出著名的“齐格飞女郎”的秀场大亨齐格飞（Florenz Ziegfeld）所建，它在1927年落成时，原本是位于第6大道与西54街口，早期以音乐剧为主，后来成为电影院，也曾当过NBC电视台的节目现场，1969年后改为现址。齐格飞戏院宽敞气派、交通方便，是曼哈顿最常用来举办电影首映典礼的戏院，因此这里时常可见众星云集的场面。不过由于美国经济渐渐衰退，首映活动大幅减少，加上现代人的观影习惯改变，即使像齐格飞如此之夯的戏院，也在2012年传出了财务危机，令人惊讶。

齐格飞戏院因经常举行好莱坞电影首映会，出现众星云集场面

- 地址：141 W. 54th St.
- 电话：（212）765-7600
- 交通：地铁B、D、E到7 Av站
  地铁N、Q、R到57 St - 7 Av站
  地铁F到57 St站
- 网址：www.clearviewcinemas.com

19

琳琅满目的广告看板，聚集了全世界最有实力的品牌。

莎曼珊等人在时代广场（Times Square）垂涎“军舰周”的阿兵哥

剧情：

纽约的“军舰周”开始了，时代广场上挤满了穿着帅气海军制服的阿兵哥，除了刚刚生产完的米兰达“不得已”要回家顾小孩之外，其他三姊妹都垂涎三尺，迫不及待想找水手同欢，还振振有词说：“这是身为纽约女人的爱国义务。”

出处：（第5季第1集）*Anchors Away*（中文版名：《挚爱理论》）

时代广场是感受纽约夜生活最棒的地方。

地点介绍：

每年5月底是纽约军舰周（Fleet Week New York），诸如海军、海军陆战队、海岸防卫队的巨大舰艇都会停泊在哈德逊河旁几天，进行一些展示战力的活动。通常船上的水手们这时也趁机上岸一游，剧情中出现的时代广场，便是他们出没的大本营。

时代广场（Times Square）更著名的活动就是每年除夕夜的倒数，来自世界各地的游客和纽约客将这里挤得水泄不通，让这个地区完全陷入疯狂状态。此外，时代广场也是看秀、购物、享受美食以及体验纽约夜生活最棒的地方，走在这里，光是看着各式各样琳琅满目的店家招牌和广告牌，就够兴奋了。

这些昼夜闪烁又璀璨的巨大广告牌，聚集了全世界最有实力的品牌，还记得在第6季第6集*Hop, Skip and a Week*（中文版名称：《停看听》）中，莎曼珊将小男友Smith的裸体广告做成巨幅广告牌，高挂在时代广场吗？确实是最好的宣传地点，但可要天价宣传费啊！

这里最有趣的店家招牌，首推服装店Forever 21，他们家的大广告牌会拍摄路人，然后以游戏方式选取路人，很有意思，因此门口永远挤满一群“想认出自己”的路人甲乙丙，互动做法为店家汇聚满满人气。Forever 21是一家平价潮流服饰店，搭配性强，一定要逛！

最有趣的店家招牌，首推服装店Forever 21。

Broadway and 42nd St.（40th St.以北、53rd St.以南、6th Ave.以西及8th Ave.以东）

地铁S到Times Sq - 42 St站
地铁1、2、3、N、Q、R到Times Sq - 42 St站
地铁7、7X到Times Sq - 42 St站

www.timessquare.com

Da Marino餐厅有意大利美食和绝佳欢乐气氛。

Mr. Big第一次向别人介绍凯莉是女朋友，为她高歌一曲的意大利餐厅Da Marino

剧情：

Mr. Big带凯莉来这家餐厅时，不但主动向别人介绍凯莉是他的“女朋友”，还上台献唱情歌，令她受宠若惊，感觉仿佛置身天堂。

出处：（第2季第8集）*The Man, The Myth, The Viagra*
（中文版名：《男人、神话、威而钢》）

地点介绍：

这间传统意大利餐厅，从店外的花廊，到店内的壁画和装饰品，处处都展现出意大利乡村的田园风情，除了食物地道好吃之外，让我们更难忘和喜爱的是它意大利式的热情，不管是现场演唱的歌手还是专业琴师，都非常擅长炒热气氛。

有一招特别有趣，就是他们会分发沙锤给客人，鼓励大家随着音乐挥舞沙锤，先让客人玩疯，然后再制造一些大合唱的机会，许多人在这种热烈气氛带动下，也就情不自禁上台即兴演唱，仿佛Mr. Big为凯莉高歌那一幕真实上演。

店内有饰演凯莉的莎拉·洁西卡·帕克（Sarah Jessica Parker）和饰演Mr. Big的克里斯·诺斯（Chris Noth）到此用餐的合照，克里斯·诺斯从餐厅1996年开业以来，就是这里的常客，这一点从店内摆放了多幅他的照片就可证明，希望这个情报有助提高“Big迷”遇见本尊的机会。

莎拉·洁西卡·帕克和克里斯·诺斯到此用餐的照片。

- 地址：220 W. 49th St.（between Broadway & 8th Ave.）
- 电话：（212）541-6601
- 交通：地铁1、2到50 St站
  地铁N、Q、R到49 St站
  地铁A、C、E到50 St站
- 时间：周一到周五12noon~12midnight；
  周六周日12noon~1am
- 网址：www.damarinotimesquare.com

Aleksandr凌晨约凯莉到俄罗斯餐厅Russian Samovar吃消夜

剧情：

艺术大师Aleksandr Petrovsky对凯莉的艺术评论很感兴趣，约她半夜3点一起去艺廊，凌晨1点两人先在Russian Samovar（俄罗斯茶壶餐厅）用餐，Aleksandr向凯莉推荐很多俄罗斯地道好菜，看得出是一场精心策划的约会，让女生不动心也难。

出处：86集（第6季第12集）*One*（中文版名：《真命天子》）

地点介绍：

Samovar是俄文“茶壶”的意思，从一进门就可以看到很多造型古典的俄罗斯茶壶，充满俄式情调。这间俄罗斯茶壶餐厅（Russian Samovar）有各式调味的伏特加酒、水果茶和非常地道的俄式料理。

这里也是纽约文艺界人士的热门聚会场所，想必与餐厅最初的合伙老板是诺贝尔文学奖得主、俄裔作家布罗茨基（Joseph Brodsky，1940—1996）有关，而剧中饰演艺术大师Aleksandr的俄裔舞蹈家巴瑞辛尼科夫（Mikhail Baryshnikov），杰出芭蕾舞者，也是这家餐厅的Part-Owner，所以来这里知道要点什么了吧，当然就是他推荐给凯莉的菜色啦。

Aleksandr的推荐：Potatoes with Little Dill （马铃薯和莳萝叶）、Herring（鲱鱼，北大西洋海鱼）、Beet Salad（甜菜根色拉）、Veal in Aspic（小牛肉肉冻）、Tea with Black Cherries（黑樱桃俄罗斯茶），当时凯莉点的酒是Vodka Martini。

黑樱桃俄罗斯茶是必点饮料。

很多造型古典的俄罗斯茶壶，充满俄式情调。

256 W. 52nd St.（between 8th Ave. & Broadway）
（212）757-0168
地铁A、C、E到50 St站
地铁1、2到50 St站
地铁B、D、E到7 Av站
周一到周五8am~11pm；周六周日10am~3am
www.russiansamovar.com

《欲望都市》的相关商品可爱又亮丽。

HBO影集纪念品店有《欲望都市》杯子帽子T恤

地点介绍：

HBO Shop专卖 HBO 各个影集的纪念品，其中以《欲望都市》的周边商品最多。顺带一提，这里就是《欲望都市》巴士团行程的终点站，如果有参加这个团，解散之后可以进来好好逛逛。

除了《欲望都市》电视版和电影版上下集的书、整套 DVD以及海报，还有些可爱有趣的相关产品，像是一款给狗狗穿的衣服，上面写着“Single and Fabulous ”（单身，真好！）；还有一款写着“Sex and the City ”的T恤，胸前有颗心，里面画着纽约高楼，明显表达对纽约的热爱！此外，主角的名言也上了T恤，像是凯莉看到爱鞋时说的“Hello Lover ”，还有Mr. Big酷毙的那句“Abso-xxxxxxx-lutely！ ”因为女主角们爱喝“Cosmopolitan ”大都会调酒（又称柯梦波丹）是出了名的，店里也有卖鸡尾酒杯，还分别刻了4位女主角的名字在上面，非常适合女性聚会时增加话题使用，不同名字也有做记号的功能。杯子款式有很多种，还有Bling Bling的保温杯和各种大小的马克杯。

地址：1100 Avenue of the Americas
（between 42nd St. & 43rd St.）

电话：（212）512-7467

交通：地铁B、D、F、M 到42 St - Bryant Pk站
地铁7、7X 到5 Av站
地铁S到Times Sq - 42 St站

旋转木马最受小朋友喜爱。

莎曼珊带姊妹们一起看服装秀的布莱恩公园（Bryant Park）

《欲望都市》经典景点

23

剧情：

这是电视版中夏绿蒂和Harry带着米兰达的儿子Brady坐旋转木马的地方，也是电影版中莎曼珊带姊妹们来看设计师薇薇恩·韦斯特伍德（Vivienne Westwood）服装秀的地方，身穿皮草大衣的莎曼珊还在这里遭到动物保护主义者的唾骂和袭击。

出处：电影版第1集

地点介绍：

布莱恩公园（Bryant Park）实在是一个内容非常丰富的大公园，它的草坪有一个足球场那么大，中午时间可见很多上班族坐在这里享用午餐。游乐设施包括大型旋转木马、乒乓球桌，甚至还有颇具东方特色的麻将桌。每到冬天，这儿的溜冰场灯光璀璨，是纽约人最爱的溜冰场之一。每年6月到8月，是免费欣赏电影、古典乐、爵士乐和舞蹈表演的好时间，另外假日期间常有热闹的市集，吃喝玩乐功能强大。

剧中看秀的场合就是有名的“纽约时装周”，从1993年开始，Bryant Park在2月中和9月中都会举办大型服装盛会，以展示最新服装潮流吸引全球时尚人士的眼球。不过从2010年开始，纽约时装周已从布莱恩公园转移阵地到林肯中心（Lincoln Center）。（所以2008年拍摄《欲望都市》电影版第1集时，还是在布莱恩公园）

布莱恩公园也是纽约热门溜冰场。

41 W. 40th St.（between 5th Ave. & Avenue of the Americas）

（212）768-4242

地铁7、7X到5 Av站
地铁B、D、F、M到42 St - Bryant Pk站
地铁S到Grand Central - 42 St站

www.bryantpark.org

《欲望都市》经典景点

24

大厅的每个角落都美到令人赞叹不已。

新娘凯莉在婚礼场地纽约公共图书馆（The New York Public Library）等不到新郎Mr. Big

剧情：

凯莉喜欢到纽约公共图书馆借书，在一次还书的机会，她偶然发现图书馆是举办婚礼的好地方，于是开心地将自己的婚礼安排在此。可是结婚当天，盛装的凯莉却一直等不到新郎。终于Mr. Big来电告之他无法前来，凯莉当场崩溃，迫不及待逃离图书馆。

出处： 电影版第1集

地点介绍：

相信只要走进纽约公共图书馆（The New York public library）的人，都会被它的古典浪漫气息所倾倒，墙面、阶梯、吊灯、门框……处处都呈现古色古香的美感，尤其是那间可以租用于婚礼的白色大理石圆拱大厅亚斯特厅（Astor HallAstor），既华丽又优雅，难怪凯莉一眼就认定这里是她的婚礼场地。

纽约公共图书馆在1911年正式对外开放，外观气派如宫殿，大门口两只气势十足的大理石狮子，是图书馆最著名的象征。一开始它们被以捐赠者的名字命名为Leo Astor（亚斯特狮）和Leo Lenox（莱努克斯狮）；后来在美国30年代经济大萧条时期，纽约为鼓励市民共渡难关，将这两只狮子取名为Patience（忍耐）和Fortitude（坚毅）；现在纽约

人则依照地理位置称它们是“南狮子”和“北狮子”。

纽约公共图书馆曼哈顿主馆的藏书约有480万本，里面有许多珍贵史料，如杰斐逊总统（Thomas Jefferson）起草的“独立宣言”手稿、巴赫（Bach）和贝多芬（Beethoven）的乐谱手稿、本杰明·富兰克林（Benjamin Franklin）写给乔治·华盛顿（George Washington）的亲笔信等。

在电影《后天》（*The Day After Tomorrow*）中，山姆（杰克·吉伦哈尔Jake Gyllenhaal饰）一行人因为天候恶劣躲进了纽约公共图书馆，担心被冻死的他们，只好烧书取暖等待救援。哈！原来这里大量的藏书，在编剧眼中可以这样利用。

- 5th Ave. & 42nd St.
- （917）275-6975
- 地铁7、7X到5 Av站
  地铁S到Grand Central - 42 St站
  地铁B、D、F、M到42 St - Bryant Pk站
- 周一、四、五、六10am~6pm；
  周二、三10am~8pm；周日1pm~5pm
- www.nypl.org

门口的狮子是纽约公共图书馆最著名的象征。

克莱斯勒大厦的巧思设计，是装饰艺术与建筑学结合的登峰之作。

《欲望都市》片头特别偏爱的纽约地标——克莱斯勒大厦（Chrysler Building）

出处：《欲望都市》电视版片头中的纽约地标之一。电影版第2集更独钟克莱斯勒大厦，综合它的各种角度做开场。

地点介绍：

建于1930年的克莱斯勒大厦（Chrysler Building）是美国汽车大王克莱斯勒（Walter Chrysler）为打造他的汽车总部所建造，楼高319公尺，共有77层，完成当时为世界第1高楼，但短短40天就被帝国大厦超越。不过它的时尚造型始终为人赞叹，在一群摩天大楼中确实最为耀眼，难怪《欲望都市》特别偏爱它。

克莱斯勒大厦有许多巧思设计，直到今天仍被认为是装饰艺术与建筑学结合的登峰之作。它的尖塔由7个放射状的拱形构成，每排镶嵌着三角窗，制造出鱼鳞状的效果，美感出众。再仔细看61楼角落部分有8个凸出的鹰头，原来是排水系统采用1929年克莱斯勒敞篷车的鹰头装饰，与汽车结合得十分巧妙。虽然大楼71楼设有观景台，但从1945年起就不对大众开放。克莱斯勒大厦也出现在不少电影中，像在斯蒂芬·斯皮尔伯格（Steven Spielberg）导演的《人工智能》（*A.I. Artificial Intelligence*）中，它被完全淹没在水下。而在布鲁斯·威利斯（Bruce Willis）主演的《世界末日》（*Armageddon*）中，当流星袭击地球时，它被拦腰截断倒塌，惨烈啊！

地址：405 Lexington Ave. at 42nd St.
电话：（212）682-3070
交通：地铁4、5、6、6X、7、7X、S先到Grand Central - 42 St站

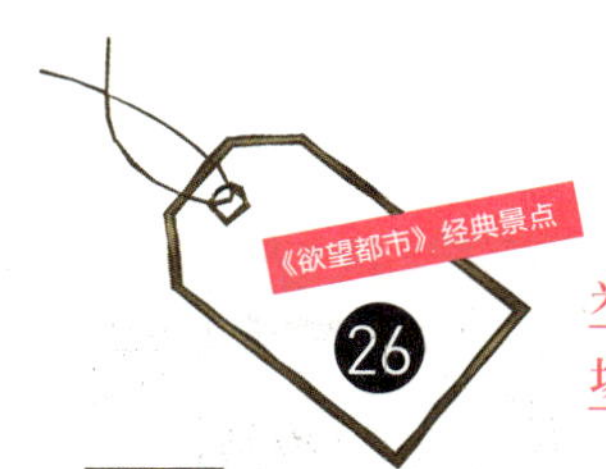

米兰达曾与纽约尼克斯队的医生交往，还去麦迪逊花园广场（Madison Square Garden）看球

剧情：

和米兰达热恋一阵子的邻居Dr. Robert Leeds，是纽约尼克斯队的医生，两人第一次见面时，话题自然落在尼克斯队上。米兰达客套地说：“你们这一季打得很好。”医生回答得很巧妙：“我想你不是篮球迷。”

出处：（第6季第9集）*A Woman's Right to Shoes*（中文版名：《女人与鞋》）

地点介绍：

《欲望都市》第6季在2003年拍摄之时，纽约尼克斯队（New York Knicks）已长年战绩不佳，让纽约人频频叹气，难怪编剧会写出这样的对话，幽默地损一损尼克斯队，以泄恨铁不成钢之气。纽约尼克斯队的球场位于鼎鼎大名的麦迪逊花园广场（Madison Square Garden），相信大家都还记得2012年轰动一时的NBA“林来疯”（Linsanity）盛况，没错！这儿也就是“林书豪传奇”的发生之地，到纽约是一定要来看看的。虽然林书豪已转队，来球场也无缘一见，不过一边游览一边想象当时场内场外一片17号球衣的“林来疯”情景，也是一种乐趣。而且如果有比赛，搞不好会遇到号称“从不缺席的尼克斯队头号大球迷”斯派克·李导演（Spike Lee，作品有《局内人Inside Man》《丛林热Jungle Fever》）。

麦迪逊花园广场不但是刺激的篮球比赛竞技场，也是大型演唱会的最佳举办地，包括玛丽亚·凯莉（Mariah Carey）、迈克尔·杰克逊（Michael Jackson）、布兰妮·斯皮尔斯（Britney Spears）、麦当娜（Madonna）、邦乔维（Bon Jovi）和Lady Gaga等巨星都曾在这开唱，而第1位登上这个舞台的亚洲歌手，是1995年展开全球巡回演唱的中国香港歌神张学友。

📫：4 Penn Plz.（between 31st St. & Fashion Ave.）
✆：（212）465-6741
🚇：地铁1、2、3到34 St - Penn Station站
地铁A、C、E到34 St - Penn Station站
地铁1、2到28 St站
🖱：www.thegarden.com

2012年轰动一时的“林来疯”盛况，就在麦迪逊花园广场上演。

: 32nd St.（between 5th Ave. & Broadway）
: 地铁N、R到28 St站
地铁B、D、F、M、N、Q、R到34 St - Herald Sq站
地铁4、6、6X到33 St站

Aleksandr和凯莉约会吃遍各国料理包括韩国城（Koreatown）

剧情：

热恋中的Aleksandr和凯莉吃遍各国料理，从希腊菜、意大利菜到韩国菜，剧中特别拍摄两人在32街的韩国餐厅约会。

出处： 90集（第6季第16集）*Out of the Flying Pan*（中文版名：《变幻人生》）

地点介绍：

走进曼哈顿的West 32nd St.（帝国大厦和梅西百货附近），会发现整条街突然都变成了韩文招牌，韩国城（Koreatown）只有一条街，规模不大，它位处高楼大厦林立之区，看上去比中国城新潮很多。街上韩国餐馆密布，金刚山Kum Gang San（49 West 32nd St.）、Kom Tang（32 West 32nd St.）、Kun Jip（9 West 32nd St.）都很受欢迎，还有很多装潢新颖的韩式烘焙店，是喝下午茶或吃饭后甜点的好去处。

让米兰达和节食伙伴Tom禁不住诱惑的卡卡圈坊（Krispy Kreme）甜甜圈

剧情：

米兰达和她的节食伙伴Tom，一边聊着如何拒绝美食，一边讨论着餐厅桌上的甜甜圈："淋上糖霜的甜甜圈，是我的最爱。""最棒的减肥中心在23街，但是隔壁有最棒的甜甜圈专卖店。"（指的就是Krispy Kreme），最后他们抗拒不了诱惑决定分食一个。

出处：（第5季第4集）*Cover Girl*（中文版名：《封面女郎》）

地点介绍：

米兰达和Tom谈到的"糖霜甜甜圈"（Original Glazed Donuts）是卡卡圈坊（Krispy Kreme）甜甜圈的招牌，通常店家门口有个写着"Hot Light"的霓虹灯，当灯亮起时，表示他们的招牌糖霜甜甜圈正要出炉，大家可掌握这最佳享用时机。若是认为这个口味太甜（通常美国人的甜蜜是我们的甜腻），店内还有20多种口味，可以挑没有糖霜的，或是配一杯黑咖啡平衡味蕾。

在Krispy Kreme店面较大的店里吃甜甜圈，还有一种乐趣，就是可以经由透明玻璃，看见甜甜圈的制作过程，当小朋友们看到甜甜圈在那东转西转时，总是特别兴奋。通常服务人员会拿刚出炉的甜甜圈来招待小朋友，这种亲切又高明的宣传方式，紧紧抓住了小朋友的心。目前它是全美第2大甜甜圈专卖店，仅次于唐恩都乐（Dunkin' Donuts）。

Krispy Kreme Donuts于1937年在北卡罗莱纳州成立，现总部位于纽约。剧中23街的店面（265 W.23nd St.）已关闭，想要一尝这美式甜甜圈的滋味，可以前往中城这家。

Krispy Kreme甜甜圈。

地址：2 Penn Plaza
电话：（212）695-0428
交通：地铁1、2、3到34 St - Penn Station站
地铁A、C、E到34 St - Penn Station站
地铁1、2到28 St站
网址：www.krispykreme.com

Apple旗舰店是乔布斯（Steve Jobs）给纽约大苹果的惊喜巨献

Apple

地点介绍：

2006年5月开业的纽约Apple旗舰店，由执行长乔布斯（Steve Jobs）亲自参与设计，他要求店面一定要和Apple产品一样酷炫，结果亮相之后……天哪！再度证明乔布斯是制造惊喜的大师。

整间店的主体建筑在地下，地上部分是全透明的大玻璃屋，共用了530块玻璃搭建，里面悬空挂着一颗雪白的苹果，前卫美感让它立刻成为纽约最受瞩目的地标之一，也成了游客争相拍摄的景点。虽然这家旗舰店现在已经不是纽约最大的Apple专卖店了（最大的在中央车站内），不过要说最美最耀眼的Apple店面，非它莫属。

透明玻璃屋里悬着一颗雪白苹果，美感前卫。

1

其他必游景点……

- 地址：767 5th Ave.
- 电话：（212）336-1440
- 交通：地铁N、Q、R到5 Av/59 St站
  地铁F到57 St 站
  地铁E、M到5 Av/53 St站
- 时间：每天24小时无休
- 网址：www.apple.com

Apple旗舰店的主体建筑在地下。

汤姆·汉克斯在《长大》里跳过的“大钢琴地板”。

不只是小孩着迷的史瓦兹玩具城

FAO Schwarz

地点介绍：

可不要以为只有小孩会被玩具迷住，史瓦兹（FAO Schwarz）玩具城旗舰店提供的视觉和娱乐效果，连大人也挡不住它的魅力，2005年，汤姆·克鲁斯（Tom Cruise）还特别把整间店包下，为他当时的未婚妻姬蒂·荷姆丝（Katie Holmes，现为前妻）庆生、挑选礼物呢。走进店里，除了各式各样的玩具令人目不暇接，色彩鲜艳的糖果部门和Café里的蛋糕饼干也令人兴奋，是游客绝对不能错过的欢乐天堂。想玩玩汤姆·汉克斯（Tom Hanks）在电影《长大》（*Big*）里跳的“大钢琴地板”吗？去二楼跳一跳吧！虽然FAO Schwarz在2009年被“玩具反斗城”（Toy "R" Us）收购，但仍保留原名及经营方式。

色彩鲜艳的糖果部门

- 767 5th Ave.（at 58th St.）
- （212）644-9400
- 地铁N、Q、R到5 Av/59 St站
  地铁F到57 St站
  地铁E、M到5 Av/53 St站
- 周一到周四10 am~7 pm；
  周五到周日10 am~8 pm
- www.fao.com

其他必游景点……

725 5th Ave.
(212) 715-7290
地铁N、Q、R到5 Av/59 St站
地铁F到57 St站
地铁E、M到5 Av/53 St站
www.trump.com

川普塔里的星巴克是逛街歇腿的好地方

在奢华的川普塔里享受平价餐饮
Trump Tower

地点介绍：

曼哈顿里以地产大亨“川普”为名的大楼很多，多到如果只说“川普大楼”是很容易混淆的，其中的川普塔（Trump Tower），因位于第五大道闹区，又常常出现在NBC实境秀节目《飞黄腾达》（*The Apprentice*）中，因此知名度可说是最高。这栋大楼外形最特殊的地方，是设计出多层依序递减的楼层，并且把空间拿来种树，真是难得一见如此酷炫的摩天大楼还夹带绿意的。

大楼内部装潢可说完全是走唐纳德·特朗普（Donald Trump）的高调路线，处处金碧辉煌，还有个5层楼高的瀑布，闪耀着金光倾泻而下，美景当前，建议在这里的星巴克（Starbucks）喝杯咖啡吧！能在这么气派奢华的大楼里享受着平价餐饮，特别有赚到的感觉！想吃正餐的话，地下楼美食吧，提供三明治、色拉、汤等简餐。大楼中的The Trump Café是在《飞黄腾达》中出现的餐厅，气氛非常棒，不过价格就不便宜了。

这里有多间精品店，包括唐纳德·特朗普女儿伊万卡（Ivanka Trump）的珠宝店，还有他自己的专属橱窗和商品。唐纳德·特朗普是地产大亨也是电视名人，他的父亲是美国著名房地产开发商，他虽是生活奢华的富二代，但也还算有本事将家业发扬光大，不但在全世界经营房地产、赌场和饭店，也跨足娱乐事业，尤其在自己制作的实境秀《谁是接班人》中担任主持人，更广为人知，他的那句名言：“You're fired！”（你被开除了）还被制成马克杯等商品贩卖。

这里有唐纳川普的专属橱窗和商品。

唐纳德·特朗普超爱曝光受访，也常在影视节目里“参一脚”，像《神探阿蒙》（*Monk*）和《政界小人物》（*Spin City*）里都有他客串演出，记得《欲望都市》中莎曼珊的最老男友吗？剧中为强调他是有钱人，特地安排他出现时是和唐纳德·特朗普同桌吃饭，这样大家一看就知道他的身价了。

麋鹿服饰休闲中不失时尚感

Abercrombie & Fitch

地点介绍：

Abercrombie & Fitch（简称A&F）的服饰走奢华休闲风（Casual Luxury Lifestyle），有别于以往大家对休闲服的印象就是样式简单、宽松、好活动，A&F强调高级质感和合身剪裁（Muscle Fit），再融入一些流行元素，打造出休闲中不失时尚感的新风格，结果蔚为风潮，也确立了它在休闲服饰品牌中的龙头地位。

A&F的Logo是一只麋鹿（Moose），不少大明星像刘德华、黎明等人都曾身穿这只麋鹿现身，让它在亚洲愈来愈红。A&F超级爱打猛男牌，大家可从店内巨幅海报和包装袋图片明显感受到，尤其第五大道上的旗舰店，时常有大秀胸肌的男模在现场。

A&F的店面有4大特色：昏暗的灯光、震耳欲聋的音乐、巨幅猛男海报， 外加整间店都弥漫着他们招牌香水Fierce的味道。似乎就是要让消费者在无法好好思考下……嘿嘿嘿……走上“豁出去”的路。总之，每次离开A&F，我都有“重见天日”的感觉，也算是一种很奇妙的体验。

与A&F同血缘的Abercrombie，是它的青少年系列；海鸥标志的姊妹牌Hollister，则标榜加州度假海滩风。

4

：720 5th Ave.
（between 56th St. & 57th St.）

：（212）381-0110

：地铁N、Q、R到5 Av/59 St 站
地铁F到57 St 站
地铁E、M到5 Av/53 St站

：www.abercrombie.com

Abercrombie & Fitch 主打猛男牌。

手工古法制作的多种口味贝果。

其他**必游**景点……

5

坚持古法制作的不只是有贝果形状的面包而已

Ess-a-Bagel

地点介绍：

纽约贝果店太多，风格各有不同，好不好吃其实要看各人喜好，Ess-a-Bagel的口感特别扎实，是走传统线路。1976年，来自奥地利的一个烘培家庭创立了Ess-a-Bagel，他们一开始在蛮冷清的第一大道开店，想不到好口碑为他们打响知名度，生意好到后来又在第三大道开店，从此人气更旺。他们坚持手工古法制作，强调绝不只是有贝果形状的面包而已。

Nova熏鲑鱼贝果最畅销。

这里的贝果口味有原味、芝麻、洋葱、肉桂葡萄、罂粟子（Poppy Seeds）等10多种，Cream Cheese抹酱更多达20种，奶油、核桃、苹果肉桂、巧克力……还有独创的豆腐抹酱，选择实在太丰富了！Ess-a-Bagel的熏鲑鱼特别鲜美，店内海报上推荐的Nova熏鲑鱼贝果曾经获奖，也是最畅销的。此外，这里一杯1.25美元的现煮咖啡是有名的香浓好喝哦。

Ess-a-Bagel独创的豆腐抹酱。

- 地址：831 3rd Ave.（between 51st & 52nd St.）
- 电话：（212）980-1010
- 交通：地铁4、6、6X到51 St站
  地铁E、M 到Lexington Av/53 St站
  地铁E、M到5 Av/53 St站
- 时间：周一到周五6am~9pm；周六周日6am~5pm
- 网址：www.ess-a-bagels.com

其他必游景点……

6

悬吊的直升机，刺激着想象力起飞。

纽约现代美术馆周五下午4点后免费

Museum of Modern Art

地点介绍：

创建于1929年的纽约现代美术馆（Museum of Modern Art，简称MoMA），经常被与大都会博物馆相提并论，虽然馆藏少于后者，但在现代艺术的领域里有更多重要收藏，包括15万件绘画、雕塑、摄影和印刷作品，2万多部电影以及400万幅电影剧照，可说是全世界拥有最完整20世纪艺术品的美术馆。

MoMA最著名的大师作品包括：凡·高（VanGogh）的《星夜》、毕加索（Picasso）的《亚维农的少女》、达利（Dali）的《记忆的延续》、莫奈（Monet）的《睡莲》、马蒂斯（Matisse）的《舞》、塞尚（Cezanne）的《沐浴者》，还有我最欣赏的“素人画家”卢梭（Rousseau）的《梦境》。建议游客使用语音导览，通过解说更能了解作品其中奥妙。

2004年，MoMA大幅扩建后重新开业，日本建筑师谷口吉生将原先封闭的庭园变成开放空间，摆放着装置艺术和雕塑作品，和参观者更加互动。1楼和2楼之间悬吊着一架直升机，是一种特殊视觉效果，也刺激着想象力起飞。礼品部门有许多“艺术与生活结合”的商品，非常有巧思。MoMA成人票价25元，在Target连锁超市赞助下，每周五下午4点到8点，开放访客免费参观。

MoMA是全世界拥有最完整20世纪艺术品的美术馆。

- 地址：11 W.53rd St.（between Avenue of the Americas & 5th Ave.）
- 电话：（212）708-9400
- 交通：地铁E、M 到5 Av/53 St
  地铁F到57 St
  地铁B、D、E 到7 Av
- 时间：周一、二、三、四、六、日 10:30am~5:30pm；周五10:30am~8pm
- 网址：www.moma.org

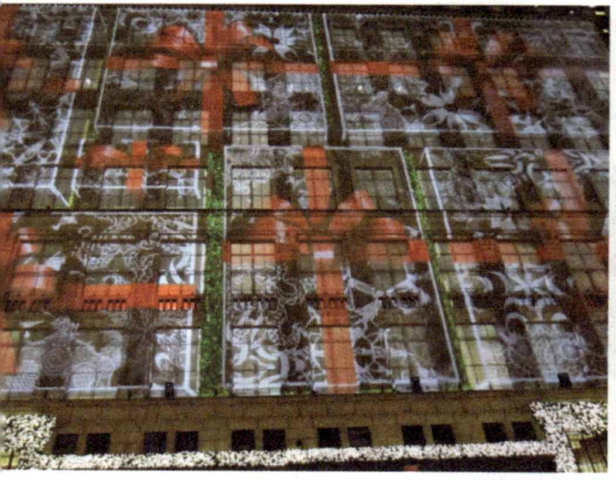

巨型投影秀，把整栋大楼当超大屏幕。

其他必游景点……

7

圣诞期间有绚丽灯光秀的萨克斯第五大道百货

Saks Fifth Avenue

地点介绍：

“纽约3大龙头百货”之一的萨克斯第五大道百货（Saks Fifth Avenue），就位于洛克菲勒中心对面，历史悠久的它有个特别的传统，每年圣诞节前一个月到新年第一周，百货公司外墙上就会装上漂亮的雪花灯饰，还有巨型投影秀，每晚5点到10点各个整点，只见整栋大楼被当成超大屏幕，不停变换着花样——银白色的雪花、金色的缎带、红红绿绿的礼物，吸睛指数破表。

9层楼的Saks每个楼面都很开阔，气势十足，其中8楼是非逛不可的女鞋区，由于纽约各大百货公司在女鞋上一向竞争激烈，Saks特地以大手笔将8楼装修成一整层的鞋区迎战。与另外两家精品百货Barney's 和 Bergdorf Goodman最大的不同是，Saks的品牌火力集中在叫得出名字的大牌如LV、Chanel、Prada、Gucci，比较少有低调罕见的欧洲品牌，这对需要重点出击的观光客来说是个优点。Saks每年有两次大折扣，分别在4月和10月，Designer Sale可打到4折，换季拍卖最低会打到3折。

Saks Fifth Avenue 圣诞橱窗强调雪花之美。

- 611 5th Ave.（between 51st St. & 52nd St.）
- （212）753-4000
- 地铁E、M 到5 Av/53 St 站
  地铁B、D、F、M 到47 - 50 Sts - Rockefeller Ctr站
  地铁4、6、6X 到51 St站
- 周一到周六10am~8pm；周日 12 pm~7 pm
- www.saksfifthavenue.com

其他**必游**景点……

8

溜冰、登高、赏景、用餐，洛克菲勒中心是多功能休闲娱乐胜地

Rockefeller Center

70层楼高的GE大楼正上方的智能之神。

地点介绍：

石油大王洛克菲勒（John Davison Rockefeller，1839–1937）造就的洛克菲勒中心（Rockefeller Center）是20世纪最伟大的都市计划之一。这是一块拥有19幢大楼的建筑群，其中最高的是70层楼的奇异大楼（GE Building），著名的NBC电视台就在大楼里。整个区域包括办公大楼、餐厅、戏院、超市、服饰店等，是曼哈顿重要的商用娱乐休闲集中地。要详细了解洛克菲勒中心可参加导览，每天早上10点开始，从奇异大楼出发，票价15美元。洛克菲勒广场的中央，横躺着金光闪闪的希腊英雄“偷火种的普罗米修斯（Prometheus）”雕塑，是这里最具代表性的标志。旁边的露天咖啡座区，每年10月到次年4月开放为溜冰场，每到圣诞节前会架起巨大无比的圣诞树，这场景时常出现在好莱坞电影中。

广场中还有海峡花园（Channel Garden），这是座夹在“大英帝国大厦”和“法国大厦”间的狭长庭园，有6个小水池和娇艳繁花。另外下层广场（Lower Plaza）飘扬着159面联合国会员国的国旗，场面壮观。顶楼景观台巨石之顶（Top of the Rock Observation Deck）是热门赏景之处，69楼有玻璃围墙，70楼是露天。地址是30 Rockefeller Plaza，票价为成人25美元，每天早上8点到午夜12点（最后一班登顶电梯时间是晚上11点）开放。附带一提，电梯很炫，感觉像在新潮夜店。

洛克菲勒溜冰场是好莱坞电影中的常客。

- 地址：位于48th和51st St.，以及5thAve.和7th Ave.之间
- 电话：（212）698-2000
- 交通：地铁B、D、F、M到47-50 Sts-Rockefeller Ctr站
  地铁E、M 到5 Av/53 St
  地铁N、Q、R 到49 St
- 网址：www.rockefellercenter.com

“偷火种的普罗米修斯”是洛克菲勒中心的代表标志。

从44街至51街约有30间主要的百老汇剧院。

一定要来看部百老汇名剧才不虚此行。

其他必游景点……

9

到百老汇剧院区感受美式音乐舞蹈戏剧

Broadway Theatre District

地点介绍:

Broadway（百老汇）是路名、是剧院区，也是美国音乐舞蹈戏剧的代名词，从44街至51街约有30间主要的剧院，上演着世界知名的戏码，像是《芝加哥》《猫》《悲惨世界》《歌剧魅影》《西贡小姐》《狮子王》等，到纽约一定要来看一部才不虚此行。百老汇以受欢迎程度分为百老汇音乐剧（Broadway）、外百老汇音乐剧（Off Broadway）、外外百老汇音乐剧（Off Off Broadway）。最便宜的“外外百老汇”如果票房很好，才会被移到“外百老汇”加强宣传，而只有票房特别好的戏码才会在“百老汇”上演。

TKTS售票亭可买到百老汇的折扣票。

时代广场上的百老汇售票亭 TKTS （地址：47th St. & Broadway），可以买到各种百老汇的折扣票，折扣从25%到50%不等，因此总见大排长龙。不过通过这个方式

范围包括以时代广场为中心的Broadway，东西介于6th Ave.和8th Ave.之间，南北自41st St.延伸到57th St.
地铁B、D、E 到7 Av
地铁1、2到50 St
地铁A、C、E 到50 St
www.broadway.com

买便宜票是以时间换取金钱，而且只能购买当天的剧，对时间有限的观光客来说，必须权衡是否值得。

现在在网络上选购折扣票也是个很普遍的做法，Telecharge.com和Ticketmaster.com是两大售票网站，另外Broadwaybox.com这个网站本身不卖票，但有非常多表演的折扣密码，都可善加利用。

其他必游景点……10

曼哈顿最正宗川菜五粮液餐厅
Wu Liang Ye

地点介绍：

位在洛克菲勒中心旁边的五粮液餐厅（Wu Liang Ye），以正宗四川菜闻名，店里的招牌包括水煮牛肉、麻辣牛杂、四川凉面、担担面、红油水饺等，对于爱吃辣的饕客而言，来这吃一顿实在过瘾，难怪我们两个“麻辣一族”吃得酣畅淋漓，水煮牛肉辣度太够味了。当然这里也有比较不辣的菜色，像豆瓣鱼、葱爆牛肉、回锅肉等，还有各种素菜，样样好味道。据了解，喜欢重口味的李安导演，就是这家的常客，店家表示，李安很爱四川口味的麻辣，他最喜欢点三椒煸鸡和水煮牛肉。

五粮液的招牌菜水煮牛肉。

36 W. 48th St.（between 5th Ave.& 6th Ave.）
（212）398-2308
地铁B、D、F、M到47-50 Sts-Rockefeller Ctr站
地铁E、M 到5 Av/53 St
地铁N、Q、R 到49 St
每天12noon~9pm
www.wuliangyenyc.com

受邀到卡内基音乐厅演奏，是对专业音乐人的一大肯定。

其他必游景点……

11

永远的古典音乐圣殿卡内基音乐厅

Carnegie Hall

地点介绍：

有则笑话是这么说的，一人问路：“我要怎么样才能去卡内基音乐厅？”闻者回答：“练习、练习、再练习。”由此可见能登上卡内基厅（Carnegie Hall）演奏是多么不容易的一件事，这也是许多音乐人实现梦想的地方，杰出钢琴家郎朗和大提琴家马友友都曾受邀演出。

卡内基厅由美国钢铁巨子安德鲁·卡内基（Andrew Carnegie）于1890年出资建立，当时是纽约最棒的古典音乐圣殿，尽管1962年后林肯中心的出现，让它的光芒被掩盖了些，但在专业人士心目中，它的声音效果仍是顶尖的，就算坐在最后一排仍然可以听清楚每个弦音。可参加全长1小时的导览行程，成人票价10美元。

: 881 7th Ave.
: （212）247-7800
: 地铁N、Q、R到 57 St - 7 Av
地铁F到57 St
地铁B、D、E 到7 Av
: www.carnegiehall.org

多部经典电影让帝国大厦化身成为浪漫地标

Empire State Building

帝国大厦观景台分别设在86楼和102楼。

地点介绍：

在世贸1号楼（自由塔）完成前，帝国大厦（Empire State Building）是纽约第1高楼。它建成于1931年，楼高1250英尺，加上天线总高1472英尺（但排名时不能算天线），一共102层，绝对是观赏纽约夜景的好地方，观景台分别设在86楼（户外平台）与102楼（有玻璃围幕的室内），票价不同，只到86楼为25美元，加到102楼要42美元，开放时间为早上8点到凌晨2点，最后一班电梯是凌晨1点15分。

帝国大厦外形虽然不够花哨，但美在有灯饰，尤其在1984年装上自动变色灯之后，每到夜晚整个耀眼多彩。在情人节、圣诞节、国庆节等节日，还有特殊设计。九一一事件后，帝国大厦连续3个月打出蓝光表示哀悼。

这座纽约地标因为3部电影而成为全球浪漫地标：一部是痴痴等待爱人、感人肺腑的《金玉盟》（*An Affair to Remember*），另一部是以金玉盟为灵感的、温馨甜蜜的《西雅图夜未眠》（*Sleepless in Seattle*），还有悲剧收场、凄美的科幻电影《金刚》（*King Kong*）。在纪念品贩卖部里，金刚爬到帝国大厦顶端的经典画面被做成各种周边商品，供影迷收藏。

金刚为帝国大厦增添娱乐效果和凄美色彩

12

- 地址：350 5th Ave.
- 电话：（212）736-3100
- 交通：地铁B、D、F、M、N、Q、R到34 St - Herald Sq
  地铁4、6、6X 到33 St
  地铁N、R 到28 St
- 网址：www.esbnyc.com

13

梅西百货纽约旗舰店，以举办盛大活动闻名。

举办国庆烟火表演&感恩节大游行的梅西百货旗舰店

其他必游景点……

Macy's

地点介绍：

梅西百货（Macy's）是美国知名度最高的百货公司，创建于1924年的纽约旗舰店，开业时是全世界最大的百货公司。这间旗舰店不只是逛街购物的好地方，更以举办盛大活动闻名，像每年的感恩节（11月第4个星期四）大游行都是由此出发，各种卡通人物和劲歌热舞的表演团体纷纷登场，估计每年约有5000万观众通过电视转播观看。此外，在每年美国国庆节（7月4日）晚上9点15分，梅西百货会出资举办五光十色的烟火表演，炒热过节气氛。它的亲民作风，深得所有美国人的心。

橱窗里的人物都是动态的，非常吸引人。

- 地址：151 W. 34th St.（between Broadway & Penn Plz.）
- 电话：（212）695-4400
- 交通：地铁1、2、3到34 St - Penn Station站
  地铁B、D、F、M、N、Q、R 到34 St - Herald Sq站
  地铁A、C、E 到34 St - Penn Station站
- 时间：周一到周五9 am~9:30 pm；周六 10 am~9:30 pm；周日11am~8:30pm
- 网址：www.macys.com

14

可爱又性感、清纯又狂野 就在维多利亚的秘密

Victoria's Secret

地点介绍：

维多利亚的秘密（Victoria's Secret）是美国最大的内衣品牌，且魅力风靡全世界，它在美国有上千间店面，可是亚洲地区分店寥寥可数且有的店不进内衣，所以一直以来海峡两岸的姊妹们想要拥有，不是靠网络订货，就是请买家或朋友带货，因此来纽约玩正是采购Victoria's Secret的大好时机，最重要的是还能亲自试穿，更能享受挑选的乐趣。一般说来，Victoria's Secret的内衣主打性感、甜美、浪漫和华丽的样式，它的副牌PINK的内衣，走色彩鲜艳、青春可爱和活力运动风，每间店都将这两个牌子结合，因此款式选择非常多样。虽然价格不便宜，不过好处是时常在打折，通常PINK的小裤裤有5件26元美元的优惠、Victoria's Secret有3件30美元的优惠；而内衣价格从30到60美元都有，折扣频繁，换季最低可到半价。

（贴心提醒：欧美尺寸与亚洲尺寸不同，最好还是试穿过再选购。）

价格不便宜，但时常有折扣。

在装潢梦幻的店面里，除了主打的内衣、睡衣、泳衣之外，还有休闲服、沐浴用品、保养产品、香水和化妆品，有时还有帽子、包包、鞋子等，非常好逛。不过Victoria's Secret为了把他们的网络营销做大，很多网站里的款式，实体店里面没有销售，一定得在网上购买，尤其是洋装、鞋子、包包、配件，以及某些特定的内睡衣款式。

其他必游景点……

地址：1328 Broadway（34th St. Herald Square）

电话：（212）356-8380

交通：地铁1、2、3到34 St - Penn Station站
地铁B、D、F、M、N、Q、R 到34 St - Herald Sq站
地铁A、C、E 到34 St - Penn Station站

时间：周一周二 9am~6pm；周三 6am~11pm；
周四周五 9am~9:30pm；
周六 9am~9:30pm；周日11am~8pm

网址：www.victoriassecret.com

维多利亚的秘密是美国最大内衣品牌，魅力风靡全世界

柔美的星光天花板，与地面上的忙碌人潮形成有趣的对比。

15

到中央车站别忘抬头看璀璨星光
Grand Central Terminal

地点介绍：

1913年落成的中央车站（Grand Central Terminal），是全世界最大的车站，每天到站和离站的列车有500个班次。中央车站内外皆美，正门有希腊神话神的雕像，相当古典；候车大厅气势磅礴，巨型水晶吊灯璀璨奢华，气派的楼梯设计参照法国巴黎歌剧院，大厅中央的镀金猫眼石“四面时钟”是有名的约会地点。天花板也有玄机，法国艺术家保罗·艾利（Paul Helleu）将12道星座画在蓝色拱顶上，并以灯光标示出2500多颗闪闪星光，柔美效果与忙碌人潮形成有趣的对比。

车站里就像一个百货公司，服饰店、书店、高级餐馆和快餐店都有，著名餐厅包括Oyster Bar、“空中飞人”迈克尔·乔丹（Michael Jordan）的餐厅，还有来纽约非吃不可的起司蛋糕Junior's Cheese Cake。

2011年底，Apple在中央车站里开设了全球最大的分店（之前在英国伦敦），霸气的23 000平方英尺店面，取代了原本纽约名厨查理帕墨（Charlie Palmer）Metrazur餐厅的地位。新潮前卫的Apple出现在古色古香的百年老车站里，堪称另类绝配。

正门上的3位神祇分别代表交通、智能和道德。

87 E.42nd St.（at Park Ave.）
（212）340-3404
地铁4、5、6、7、S线到42nd St./Grand Central站
www.grandcentralterminal.com

其他必游景点……

16 曼哈顿最正宗湘菜——湘水山庄

Hunan Manor Restaurant

地点介绍：

湘水山庄（Hunan Manor Restaurant）的本店位于法拉盛137-40 Northern Blvd.，因生意兴隆所以又在热闹的中央车站附近开了分店。说到湘菜的学问，就是煨、蒸、煎、炖、熘、炒各有巧妙，还有关键性的配料像是干豆角、白辣椒等也很重要，湘水山庄的配料都从中国运来，风味地道。

在湘水山庄可以吃到美国难得尝到的湖南腊肉。

湘菜和川菜辣法不同，川菜喜欢加花椒，是麻辣；而湘菜是咸辣，以酸辣菜和腊味制品著称，我们就是冲着在美国难得尝到的“湖南腊肉”而来。湘水山庄的腊肉都是自腌自制，腊味合炒和青椒炒腊肉特别受欢迎。这里招牌菜还有剁椒鱼头、夫妻肺片、馋嘴蛙、酸豆角米粉，如果想吃清淡一点，姜葱鱼片和虾仁豆腐的味道也都很棒。

339 Lexington Ave.（at 39th St.）
（212）682-2883
地铁4、5、6、7到 Grand Central站
每天11:30am~10:30pm

联合国总部的会议中心。

特制邮票是最受欢迎的纪念品。

其他必游景点……

17

非美国领土是国际领地的联合国总部

United Nations Headquarters

地点介绍：

1945年第二次世界大战结束后，国际社会以“世界和平”为宗旨设立了联合国，这里不是美国领土，是国际领地。大楼右边有卢森堡的赠礼，一支“和平之枪”，打结的枪管明显表达反战；左边有意大利的赠礼，一颗黄铜色的大球，期望全球团结合作。

总部内建筑物由4栋大厦组成：联合国大会、秘书处、会议中心和图书馆。建议参加全程约45分钟的专人导览，费用成人12.5美元。时间是周一到周五，上午9:30到下午4:45，周末上午10:00到下午4:30。英语团每半小时出发，中文团时间不定，最好先以电话询问。参观后的解散地点在纪念品中心，联合国特制邮票和世界各国的特色娃娃，都是最受欢迎的纪念品。

联合国门口“反战”与“全球团结”的雕塑。

- 参观入口在1st Ave.近46th St.处
- （212）963-8687
- 地铁4、5、6、7、S线到42nd St/Grand Central站（没有更近的地铁站了，只能先坐到中央车站，再从42nd St.步行20分钟到1st Ave.和46th St.处，或搭M15公车）
- 9am~4:45pm，一月二月只有周一到周五开放，其他月份每天开放。
- www.un.org

HEATTECH

I ♥ NY
I ♥ NY
I ♥ NY
I ♥ NY

MAMMA MIA!
THE SMASH HIT MUSICAL
ABBA
Winter Garden

SERGIOFURNARI.COM

N.Y

4-1 **美国纽约广场饭店** / The Plaza Hotel
768 5th Ave. (between 58th St. & 59th St.)

4-2 **巴黎剧院** / Paris Theater
4 W. 58th St.

4-3 **波道夫古德曼百货** / Bergdorf Goodman
754 5th Ave. （between 57th St. & West 58th St.）

4-4 **路易威登** / Louis Vuitton
1 E. 57th St. （between 5th Ave. & Madison Ave.）

4-5 **蒂芬妮** / Tiffany & Co
727 5th Ave. (between 56th St. & 57th St.)

4-6 **克丽丝汀迪奥** / Christian Dior
21 E. 57th St. (between 5th Ave. & Madison Ave.)

4-7 **道Tao餐厅**
42 E. 58th St. (between Madison Ave. & Park Ave.)

4-8 **猴子酒吧** / Monkey Bar
60 East 54th St. (between Madison & Park Ave.)

4-9 **华尔道夫饭店** / Waldorf Astoria Hotel & **牛与熊餐厅** / Bull & Bear Steak House
301 Park Ave. (between 49th St. & 50th St.)

4-10 **圣派翠克大教堂** / St. Patrick's Cathedral
14 E. 51st St. (between 5th Ave. & Madison Ave.)

意大利名牌Fendi
677 5th Ave.

4-11 **卡地亚** / Cartier
653 5th Ave.(between 51st St. & 52nd St.)

4-12 **现代餐厅** / The Modern
9 W. 53rd St. (between 5th Ave. & Avenue Of The Americas)

4-13 **名牌女鞋Manolo Blahnik**
31 W.54th St. (between 5th Ave. & 6th Ave.)

4-14 **21俱乐部牛排馆** / 21 Club
21 W. 52nd St.

4-15 **NBC电视台**
30 Rockefeller Plaza

4-16 **佳士得拍卖会** / Christie's Auction House
20 Rockefeller Plaza

4-17 **无线电音乐城** / Radio City Music Hall
1260 6th Ave.

4-18 **齐格飞戏院**/ Ziegfeld
141 W. 54th St.

4-19 **时代广场** / Times Square
Broadway and 42nd St. (40th St.以北、53rd St.以南、6th Ave.以西及8th Ave.以东)

4-20 **意大利餐厅Da Marino**
220 W. 49th St. (between Broadway & 8th Ave.)

4-21 **俄罗斯餐厅Russian Samovar**
256 W. 52nd St. (between 8th Ave. & Broadway)

4-22 **HBO影集纪念品店**
1100 Avenue of the Americas (between 42nd St. & 43rd St.)

4-23 **布莱恩公园** / Bryant Park
41 W. 40th St. (between 5th Ave. & Avenue of the Americas)

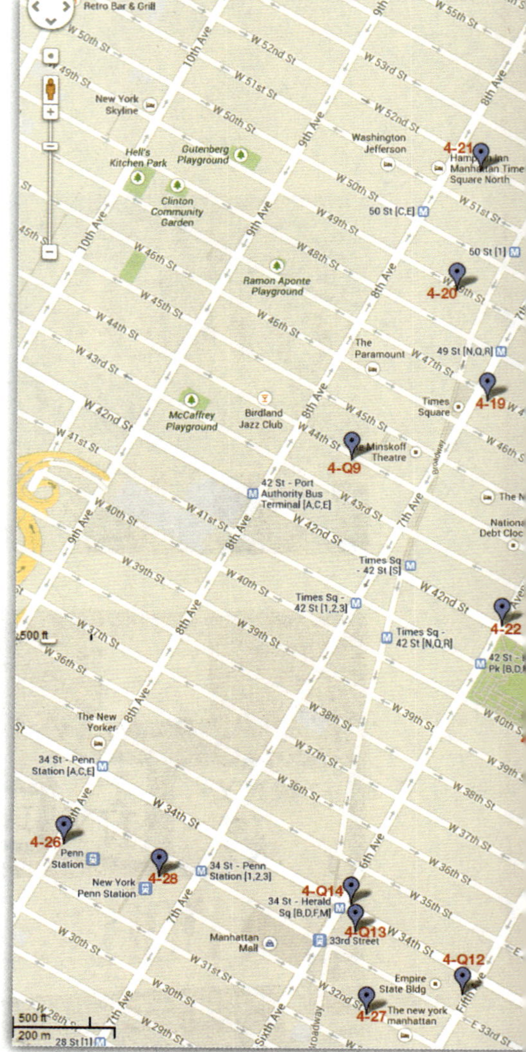

4-24 **纽约公共图书馆** / The New York Public Library
5th Ave. & 42nd St.

4-25 **克莱斯勒大厦**/ Chrysler Building
405 Lexington Ave. at 42nd St.

4-26 **麦迪逊花园广场** / Madison Square Garden
4 Penn Plz. (between 31st St. & Fashion Ave.)

4-27 **韩国城** / Koreatown
32nd St. (between 5th Ave. & Broadway)

4-Q5 贝果店 Ess-a-Bagels
831 3rd Ave. (between 51st & 52nd St.)

4-Q6 纽约现代美术馆 / Museum of Modern Art（MoMA）
11 W.53rd St. (between Avenue of the Americas & 5th Ave.)

4-Q7 萨克斯第五大道百货 / Saks Fifth Avenue
611 5th Ave. (between 51st St. & 52nd St.)

4-Q8 洛克菲勒中心 / Rockefeller Center
位于48th和51st St.，以及5thAve.和7th Ave.之间

4-Q9 百老汇剧院区 / Broadway Theatre District
范围包括以时代广场为中心的Broadway，东西介于6th Ave.和8th Ave.之间，南北自41st St.延伸到57th St.

4-Q10 五粮液餐厅 / Wu Liang Ye
36 W. 48th St. (between 5th Ave.& 6th Ave.)

4-Q11 卡内基音乐厅 / Carnegie Hall
881 7th Ave

4-Q12 帝国大厦 / Empire State Building
350 5th Ave.

4-Q13 梅西百货 / Macy's
151 W. 34th St. (between Broadway & Penn Plz.)

4-Q14 维多利亚的秘密 / Victoria's Secret
1328 Broadway (34th St. Herald Square)

4-Q15 中央车站 / Grand Central Terminal
87 E.42nd St.（at Park Ave.）

4-Q16 湘水山庄 / Hunan Manor Restaurant
339 Lexington Ave.（at 39th St.）

4-Q17 联合国总部 / United Nations Headquarters
参观入口在1st Ave.近46th St.处

4-28 Krispy Kreme**甜甜圈**
2 Penn Plaza

4-Q1 Apple**旗舰店**
767 5th Ave.

4-Q2 史瓦兹玩具城 / FAO Schwarz
767 5th Ave.（at 58th St.）

4-Q3 川普大厦 / Trump Tower
725 5th Ave.

4-Q4 A&F**休闲服饰** / Abercrombie & Fitch
720 5th Ave. (between 56th St. & 57th St.)

Midtown 中城

https://maps.google.com/maps/ms?msid=204321338147395703909.0004cb0712c8df2462e94&msa=0&ll=40.760456,-73.980732&spn=0.027695,0.055747

Gramercy & Flatiron District

05 格拉莫西区＆熨斗大楼区

位于中城和下城之间的格拉莫西区（Gramercy District），因为拥有一个2英亩大的格拉莫西公园（Gramercy Park）而得名。围绕在格拉莫西公园附近有许多豪宅，19世纪初时这一带安全又安静，掌握了成为高级住宅区的条件，像美国第26任总统“老罗斯福”（Theodore Roosevelt，1858-1919）就住在这里；现在这一区不但保留以前的贵气，附近又因商业化增加方便性，可说闹中取静价值更高，有“时尚大帝”之称的香奈儿创意总监卡尔·拉格斐（Karl Lagerfeld）位于此区的房子开价520万美元。

位于E. 21st St. 和 Lexington Ave.交会的格拉莫西公园让人感觉很神秘，因为只有公园附近有缴纳年费的豪宅住户才能出入，一般人不能参观，似乎更激起游客的好奇心。没办法进入格拉莫西公园不要遗憾，格拉莫西区有两个很棒的公共公园，一个是可以看免费才艺表演、又有市集可逛的联合广场（Union Square），一个是艺术作品多、又有卖好吃汉堡薯条的麦迪逊广场公园（Madison Square Park），各有特色，一定要去看看。

格拉莫西区也是纽约的美食重镇，鼎鼎大名的法式餐厅Eleven Madison Park、美国知名作家欧·亨利（O. Henry1862-1910）当年创作《麦琪的礼物》（*The Gift of the Magi*）的老酒馆Pete's Tavern、老得很有风韵的Old Town Bar、平价而美味的City Bakery都聚集在这里，而这些餐厅也是《欲望都市》的拍摄景点，各有不同趣味剧情在里面上演。

由于格拉莫西区里有一个全球知名的地标“熨斗大楼”（Flatiron Building），因此它的周边区域又被称为“熨斗大楼区”（Flatiron District），通常是指从23街的熨斗大楼往下，沿着第五大道及百老汇大道，直到14街的联合广场这一带，熨斗大楼区可说是格拉莫西区里最具观光价值的精华区。

N.Y 《欲望都市》经典景点

1

欧·亨利名篇《麦琪的礼物》就是在这家酒馆里创作的。

Pete's Tavern是纽约现存最老的酒馆。

米兰达在皮特的小酒馆（Pete's Tavern）问Steve愿不愿意娶她

剧情：

米兰达和Steve坐在Pete's Tavern户外用餐时，看到一对斗嘴的老夫妇，米兰达有感而发，忽然问Steve愿不愿意娶她。不在乎求婚场所和形式，也不等男人先开口，整个求婚过程果然是大女人米兰达的风格。

出处：（第6季第14集）*The Ick Factory*（中文版名：《肉麻元素》）

地点介绍：

Pete's Tavern从1864年开始营业，是纽约现存最老的酒馆。它也是经典爱情小说《麦琪的礼物》创作地，知名作家欧·亨利是这家店的常客，店家将他的照片悬挂在他最常坐的位置上，一款以他名字命名的巨型汉堡O. Henry's Roma Burger（10.75美元），内有烤红椒洋葱和Mozzarella起司，据说是欧·亨利最爱的口味。

Pete's Tavern提供意大利式和美式食物，走平价价位。每逢圣诞，店内屋顶及拱门全部用红通通的彩灯装饰，气氛无比欢乐。而夏季时，大家也很喜欢像米兰达和Steve一样坐在户外露天座位。

地址：129 E.18th St.（between 3rd Ave.& Irving Pl.）
电话：（212）473-7676
交通：地铁N、Q、R到14 St - Union Sq站
地铁4、5、6、6X到14 St - Union Sq站
地铁4、6、6X到23 St
时间：每天11am~2:30am
网址：www.petestavern.com

凯莉和洋基球员Joe在旧城酒吧（Old Town Bar）约会时巧遇Mr .Big

剧情：

凯莉和洋基球员Joe在这间酒吧约会时巧遇Mr. Big，本来她还很得意，因为和Big分手后第一次碰面，她不但打扮靓丽身旁又有新欢，但离开酒吧后，凯莉情绪不稳向Joe坦承自己仍然无法忘记旧爱。

出处：（第2季第1集）*Take Me Out to the Ballgame*（中文版名　《球场爱情学》）

地点介绍：

创立于1892年的旧城酒吧（Old Town Bar）充满浓浓怀旧风，曾经被NBC评选为“Best Old Bar”（最佳怀旧酒吧），被认为老得很有风韵。店内55英尺的巨型大理石吧台和258平方英尺的镜子，依旧保留着一个世纪前的风貌。

这里经营的是传统的美式食物，以价格公道、种类特别多著称，强调是“市长之选”（The Mayor's Choice）的汉堡（11.5美元）和起司汉堡（12.5美元）是这家的招牌。二楼有一间名为“淑女和绅士”的餐厅，适合举办各种派对。

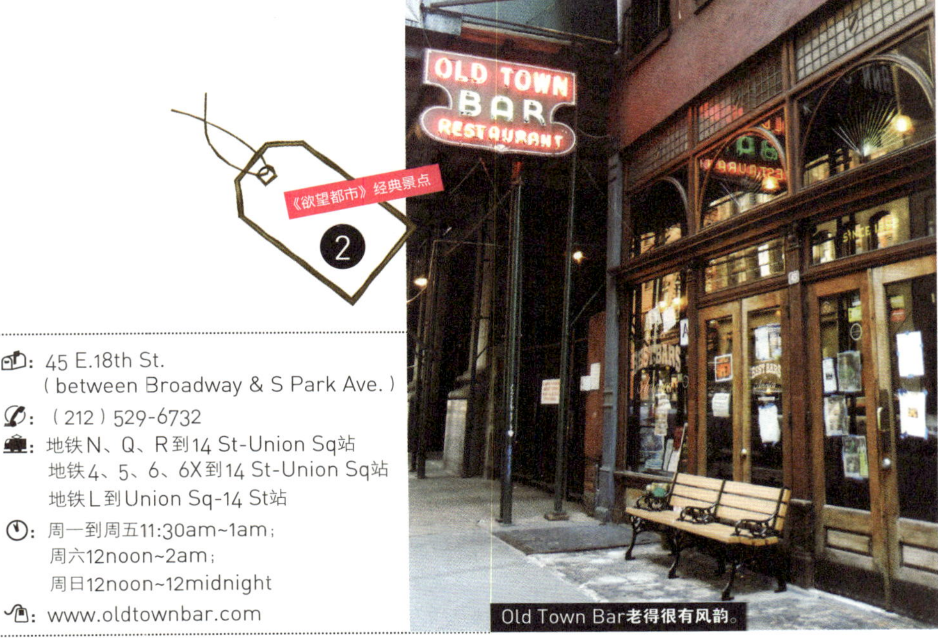

地址：45 E.18th St.（between Broadway & S Park Ave.）

电话：（212）529-6732

交通：地铁N、Q、R到14 St-Union Sq站
地铁4、5、6、6X到14 St-Union Sq站
地铁L到Union Sq-14 St站

时间：周一到周五11:30am~1am；
周六12noon~2am；
周日12noon~12midnight

网址：www.oldtownbar.com

Old Town Bar老得很有风韵。

873 Broadway and East 18th St.
地铁4、6、6X到23 St
地铁L到Union Sq - 14 St
地铁N、Q、R到14 St - Union Sq
每天24小时无休
www.duanereade.com

米兰达和凯莉一起逛都恩瑞德（Duane Reade）药妆超市，寻找万圣节变装服饰

剧情：

米兰达和凯莉两人打扮得像巫师，一起逛药妆超市，寻找万圣节变装服饰，结果凯莉在书区看到《Vogue》杂志写她结婚没结成的报道，心情大受影响。

出处： 电影版第1集

地点介绍：

在纽约，药妆超市“杜安里”（Duane Reade，简称DR）到处都是。DR提供处方配药、非处方药、家庭用品、化妆品、饮料零食、文具玩具、数字照片冲洗、ATM提款服务等，纽约人生活少不了它，观光客也可在这买到各种旅游中所需的补给品。

1960年，位于曼哈顿下城Duane街和Reade街口的一家药妆超市开业，因其地点故名为Duane Reade。2010年，这家“纽约市最大”连锁药妆超市被“全美最大”连锁药妆超市Walgreens以近11亿美元收购，257个门市全部易主，不过还是沿用DR之名，并继续采用DR一些成功的经营点子，例如扩大彩妆品区，有利于吸引都会型女性顾客。

店内的摩登餐厅ABC Kitchen是大师之作。

夏绿蒂和婆婆在ABC Carpet & Home选购床单时意见不合

剧情：

夏绿蒂和婆婆在ABC Carpet & Home选购床单时意见不合，夏绿蒂表示新式的床都不需要有饰边，但婆婆认为床单一定要有饰边，否则很不美观。夏绿蒂回家后跟老公抱怨，要求换掉婆婆的装潢饰品，让她拥有家具选择自主权。

出处：（第4季第5集）*Ghost Town*（中文版名：《婆媳之争》）

地点介绍：

这间在剧里深受凯莉和夏绿蒂青睐的家具店ABC Carpet & Home，主打各地艺术家设计的高档家居。一共有8层楼，家具和饰品兼具东西方特色，从乡村风到现代风、从奢华风到极简风，甚至西藏风格的装饰也有，非常个性化。

店内还有一家装潢摩登的餐厅ABC Kitchen，它来头可不小，是上西城法式高档餐厅Jean Georges餐馆大亨米其林三星名厨尚乔治（Jean-Georges Vongerichten）又一力作，不过这里提供的是美式菜色，价位也较平实，用餐气氛特别惬意。

ABC Carpet & Home有许多令人惊喜的家具。

- 888 Broadway（between 18th St.& 19th St.）
- （212）473-3000
- 地铁N、Q、R到14 St - Union Sq站
  地铁4、6、6X到23 St站
  地铁N、R到23 St站
- 周一到周三10am~7pm；周四10am~8pm；
  周五周六10am~7pm；周日12noon~6:30pm
- www.abccarpet.com

City Bakery 的甜点和简餐美味又多样化。

《欲望都市》经典景点

5

莎曼珊禁不住City Bakery的布朗尼诱惑，自愿当米兰达儿子的保姆

剧情：

莎曼珊接受了凯莉的交换条件，以当一天米兰达儿子的保姆，换得City Bakery的甜点布朗尼（Brownie）。凯莉正感欣慰之时，却遇到被她称为“Face Girl”的Aidan现任女友，心情大受影响，她向莎曼珊告状：“就是那女人摆脸色给我看！”

出处：（第5季第6集）*Critical Condition*（中文版名：《十万火急》）

地点介绍：

为了City Bakery的布朗尼，对小孩毫无耐心的莎曼珊愿意放下身段当起保姆，可见这甜点的魅力。不过，令人讶异的是，就在布朗尼因《欲望都市》风光一阵之后，店家决定不再供应，改打Chocolate Chip Cookie牌，因为喜爱求新求变的店主兼主厨，自认他的巧克力碎片饼干会比布朗尼更美味。这家的招牌美食还有结合蝴蝶饼和可颂面包的“Pretzel Croiissant”，以及配上大块自制棉花糖的热巧克力。City Bakery中午还提供各种色拉、三明治、比萨等热食，不管早餐还是午餐，一定要来吃一餐。

- 地址：3 W.18th St.（between 5th Ave.& Avenue of the Americas）
- 电话：（212）366-1414
- 交通：地铁F、M到14 St站
  地铁N、R到23 St站
  地铁N、Q、R到14 St-Union Sq站
- 时间：周一到周五7:30 am~7pm；周六8am~7pm；周日9am~6pm
- 网址：www.thecitybakery.com

米兰达要送Steve英国名牌保罗史密斯（Paul Smith）西装，他坚持自己付款

剧情：

米兰达希望Steve能穿得称头陪她赴宴，于是两人在Paul Smith挑了一套1800美金的西装，米兰达想付账但Steve基于男性尊严坚持不让女方出钱。不过后来Steve老实表示他把西装退了因为实在买不起，还希望对方能找与她匹配的对象，米兰达无奈地说：“我因为事业成功而受惩罚。”

出处：（第2季第10集）*The Caste System*（中文版名：《阶级制度》）

地点介绍：

英国名牌保罗史密斯（Paul Smith）的特色是表面绅士，骨子里搞叛逆，透露着设计师Paul Smith的英式幽默，很有自己的调调。如果说Burberry的格纹展现的是英式传统，那么Paul Smith的彩色条纹展现的便是英式趣味。

1947年出生的Paul Smith，从小就想成为职业自行车选手，但17岁那年发生了一场严重车祸，住院6个月期间他正在思考未来时，认识了一些艺术系的学生，开启了他学习设计的想法，进而改写了他的一生。

Paul Smith 的特色是表面绅士，骨子里搞叛逆。

- 📫：108 5th Ave.（between 17th St.&15th St.）
- ☎：（212）627-9770
- 🚇：地铁N、Q、R到14 St-Union Sq站
  地铁F、M到14 St站
  地铁L到6 Av站
- 🖱：www.paulsmith.co.uk

麦迪逊广场公园不时展览杰出的艺术作品。

公园里的Shake Shack餐厅时常大排长龙。

凯莉在麦迪逊广场公园（Madison Square Park）巧遇Aidan现任女友Nina，决定和她把话说清楚

《欲望都市》经典景点 7

剧情：
凯莉与同志好友Stanford在麦迪逊广场公园聊天时，巧遇Aidan现任女友Nina Katz和曾演出《时空间谍007》《大制骗家》的女星海瑟·葛拉罕（Heather Graham），凯莉鼓起勇气找Nina谈谈，希望把和Aidan分手的心情说清楚。

出处：72集（第5季第6集）*Critical Condition*（中文版名：《十万火急》）

地点介绍：
可不要跟尼克斯队主场"麦迪逊花园广场"（Madison Square Garden）搞混了哦，"麦迪逊广场公园"（Madison Square Park）是以美国第4任总统詹姆斯·麦迪逊（James Madison）命名，而公园入口被鲜花围绕的雕像是曾任纽约州长的威廉·苏厄德（William H. Seward），温馨悠闲的公园里，不时有艺术家作品轮流展出。由于公园就位于熨斗大楼旁，这里也是拍摄熨斗大楼的好地点。

在麦迪逊广场公园里一间绿色小屋门口，永远可以看到一条队伍，非常引人注目，到底是在排什么呢？原来是一家叫作Shake Shack的餐厅，它以粗薯条闻名，汉堡和奶昔评价也很高，加上用餐环境在这么漂亮的公园，难怪大受欢迎。

- 地址：1 23rd St.（between 5th Ave.& East 23rd St.）
- 电话：（212）538-1884
- 交通：地铁N、R到23 St站
  地铁4、6、6X到23 St站
  地铁4、6、6X到28 St站
- 网址：www.madisonsquarepark.org

Mr. Big在Eleven Madison Park法式餐厅告诉凯莉他要和Natasha结婚，导致她抓狂

凯莉差点在这个阶梯跌倒。

剧情：

Mr. Big告诉凯莉他要和Natasha结婚，让本来想保持风度的凯莉当场崩溃，情绪失控的她，匆忙离开餐厅时还因为差点在阶梯上跌倒，气得大喊了一声“这阶梯非常危险！”以发泄愤怒。

出处：（第2季第18集）*Ex and the City*

（中文版名：《这时我终于明白》）

地点介绍：

想要体验纽约顶级的用餐感受，Eleven Madison Park非来不可。位于瑞士信贷大楼（Credit Suisse）的一楼，招牌很低调，得睁大眼睛仔细找才不会错过。进入餐厅之后，立刻感受到挑高大厅的非凡气势，加上古典吊灯、米色装潢、白玫瑰装饰，高贵优雅；用餐客人大多穿着小礼服，也是这里华丽的风景之一。当然我们也看到了被凯莉当出气筒的“危险阶梯”，它似乎在提醒大家来此用餐一定要心平气和，哈哈！

这里的菜单不只是特殊，简直就是惊人，晚餐每人16道菜式、195美元的套餐，用餐时间约需要4小时，至于吃什么没有固定，全凭大厨根据时令食材来决定，客人只要先告诉大厨不喜欢的食材，接下来就准备等着惊喜。来自瑞士的主厨丹尼尔霍姆（Daniel Humm）手艺备受奖项肯定，2010年他曾获得代表美国餐饮界最高荣誉The James Beard Award的“纽约最佳主厨奖”。身为观光客如果没有这么正式的用餐计划，可以到餐厅附设的酒吧区小酌，这里的鸡尾酒走平价路线，在如此奢华的餐厅中享用绝对是超值的享受。

古典吊灯、白玫瑰装饰，非常高贵优雅。

- 11 Madison Ave.（at 24th St.）
- （212）889-0905
- 地铁4、6、6X到23 St站
  地铁N、R到23 St站
  地铁4、6、6X到28 St站
- 请注意周日不营业。
  （午餐）周一到周五 中午12noon~1:00pm
  （晚餐）周一到周六 5:30pm~9:30pm
- www.elevenmadisonpark.com

“街角那座小教堂”，有英国乡村教堂的感觉。

《欲望都市》经典景点

9

: 1 East 29th St.（Between 5th Ave. and Madison Ave.）

:（212）684-6770

: 地铁6到28th St站
地铁R到28th St站

: www.littlechurch.org

莎曼珊在“街角那座小教堂”（Little Church Around the Corner）对帅气的修士产生性幻想

剧情：

莎曼珊对此教堂中年轻帅气的修士产生性幻想，极尽勾引之能事，她外穿貂皮大衣，里面只穿内衣，坐在修士身边祷告，趁机大胆告白：“我要忏悔，我在超市以外的地方一直想着你，你也在想我吗？”不过修士不受诱惑，让“挑逗女王”莎曼珊难得地吃了败仗。

出处：（第4季第1集）*The Agony and the 'Ex'Tacy*（中文版名：《灵魂伴侣》）

地点介绍：

1848年成立的Church of the Transfiguration（显圣容堂），又名Little Church Around the Corner（街角那座小教堂），是哥特式建筑，有英国乡村教堂的感觉，在喧嚣的大城市里显得特别温馨幽静。信徒们常在花园里休憩或在大堂享受免费音乐会，可说是纽约人的心灵绿洲，因此虽然它有正式名字，但长期以来大家喜欢昵称它“街角那座小教堂”，感觉更加亲切。

熨斗大楼的三角外形妙不可言。

蜘蛛侠里上镜率最高的建筑——熨斗大楼

Flatiron Building

地点介绍：

熨斗大楼（Flatiron Build ng）位在第五大道、23街、百老汇交界的三角形地段上，是电影《蜘蛛侠》（*Spider-Man*）里上镜率最高的纽约地标。它落成于1902年，一共22层楼，完工当时它可是纽约第一高楼，而且还是钢骨建材的先驱。虽然造型特别，但也因为有些古怪，刚露面的时候纽约客还担心它是危楼，不太认同，直到受到各界高度注目，电影、电视、广告、摄影作品不停曝光，才让它开始好评不断。事实上我还没来纽约前，就是被一幅巨大黑白的熨斗大楼海报给震撼到，非常想要亲眼一见。

熨斗大楼除了建筑呈三角状妙不可言之外，雕刻精美的古典外墙也值得细细欣赏。可惜它不像某些著名大娄一样有观光楼层，游客最多只能在1楼的商店逛逛，2楼以上就是不开放参观的各家公司行号了，在电影蜘蛛侠中，男主角的报社就在熨斗大楼里。

1

📫：175 5th Ave.（Broadway at 5th Ave.）

🚇：地铁N、R到 23 St站
地铁F、M 到23 St站
地铁4、6、6X到23 St站

🖱：www.greatbuildings.com/buildings/Flatiron_Building.html

雕刻精美的古典外墙值得细细欣赏。

地铁大站联合广场，时常有热闹市集。

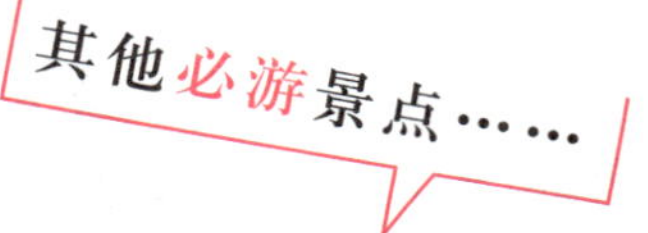

联合广场是欣赏免费才艺秀的好地方

Union Square

地点介绍：

联合广场（Union Square）的特色很多，这里是多线地铁交会站，也常是各种游行集会举办地，并且在每周一、三、五、六都有农夫市场，是纽约人采买新鲜蔬果之处，也有卖很多观光客会喜欢的小玩意儿，12月的圣诞市集摊位更多。

联合广场也是街头艺术家的表演天堂，白天常有音乐人在这里一展琴艺，为公园带来浓厚的艺术气息，晚上则有成群的滑板少年来此练习、表演，高难度动作经常博得围观群众喝彩，所以这里也可说是欣赏“免费才艺秀”的好地方。在此拍摄的电影也不少，包括美学经典名作《公民凯恩》（*Citizen Kane*）、梅尔·吉布森（Mel Gibson）和茱莉娅·罗伯茨（Julia Roberts）合演的《连锁阴谋》（*Conspiracy Theory*），以及和米拉·索维诺（Mira Sorvino）主演的《联合广场》（*Union Square*）。

E.14th St. & Broadway
（212）788-7476
地铁L到Union Sq-14 St站
地铁N、Q、R到14 St-Union Sq站
地铁4、5、6、6X 到14 St-Union Sq站
www.nycgovparks.org/parks/unionsquarepark

格拉莫西区&熨斗大楼区

Gramercy & latiron District

5-1 **皮特的小酒馆** / Pete's Tavern
129 E.18th St.(between 3rd Ave.& Irving Pl.)

5-2 **旧城酒吧** / Old Town Bar
45 E.18th St.(between Broadway & S Park Ave.)

5-3 Duane Reade**药妆超市**
873 Broadway and East 18th St.

5-4 **纽约曼哈顿百年家具家饰**/ ABC Carpet & Home
888 Broadway (between 18th St.& 19th St.)

5-5 City Bakery **烘焙简餐店**
3 W.18th St.(between 5th Ave.& Avenue of the Americas)

5-6 **英国名牌**Paul Smith
108 5th Ave. (between 17th St.&15th St.)

5-7 **麦迪逊广场公园** / Madison Square Park
1 23rd St.(between 5th Ave.& East 23rd St.)

5-8 Eleven Madison Park **法式餐厅**
11 Madison Ave.(at 24th St.)

5-9 **街角小教堂** / The Little Church Around the Corner
1 East 29th St.(Between 5th Ave. and Madison Ave.)

5-Q1 **熨斗大楼** / Flatiron Building
175 5th Ave. (Broadway at 5th Ave.)

5-Q2 **联合广场** / Union Square
E.14th St.& Broadway

https://maps.google.com/maps/ms?msid=204321338147695703909.0004cbca0f768041c2263&msa=0

Chelsea & Meatpacking Distr

06 雀儿喜&肉品包装区

雀儿喜区（Chelsea）原本是工厂林立的地方，肉品包装区（Meatpacking District）则摆明是屠宰场，感觉两地都无法与“新潮”“时髦”“繁华”这些字眼做链接，不过，经过一番大规模改建，再加上所谓“冲突的美感”加持，现在这儿已摇身一变成为愈夜愈美丽的酷炫夜店区。

游客在白天还无法感受此地的喧嚣魅力，上午这里颇为冷清，甚至还有不少肉品交易的大货柜车在进进出出，不过来看看这种景象也是值得的，可以见识到这个区域的“日夜差距”。等到黑夜降临，一群一群打扮入时的男男女女便开始蜂拥而至，高人气的餐厅与酒吧如果没有先订位，前台人员会很跩地跟你说：“我们这里两小时内都没有位子。”

戏里莎曼珊就是住在肉品包装区的Gansevoort这条街上（不过她的地址300号是虚构的），剧中与她吵架缠斗的变装皇后（Drag Queen）阻街女郎，20世纪80年代确实在此区活跃。

翻开肉品包装区的历史——20世纪前10年，这里是重要且兴盛的牲畜屠宰场和肉品包装厂；80年代，肉品事业渐渐没落，此区沦为吸毒、卖淫等寻欢作乐的堕落世界；90年代，一些个性服饰店和餐饮店进驻，让这里愈来愈有风格，接着大型夜店和高级服饰店也来了，时尚样貌也就愈来愈清晰。

《欲望都市》中不少寻欢作乐的场面，分别在Lotus舞厅、Bed酒吧、Bungalow 8等店拍摄，当时这些店的生意都很火，想不到后来他们各有问题陆续关门，不过这里还是有不少剧中重要景点，像是Big和凯莉举办婚前晚宴的Buddakan餐厅，它也是《欲望都市》巴士团的重点行程之一。

N.Y 《欲望都市》经典景点

1

剧中举办婚前晚宴的古典长餐桌，同时可坐36人。

餐厅里时尚感的中式庭园窗棂。

Mr. Big 和凯莉举办婚前晚宴的看佛餐厅（Buddakan）

剧情：

婚礼前一晚，Mr. Big和凯莉邀好友们齐聚用餐，起初气氛愉快，但后来出轨的史蒂夫来找米兰达谈和，让她心情大受影响，当下向恰巧在身旁的Big抱怨，婚姻毁了一切的一番话，让曾经离过两次婚的Big陷入思考。

出处：电影版第1集

地点介绍：

走时尚夜店风的看佛餐厅（Buddakan），装潢是典型的中西合璧之作，既有佛头、中国古代壁画、中式庭园窗棂等东方元素，又有水晶吊灯、大幅油画等西方元素，神秘诡异震撼视神经。而整个餐厅最惊艳的部分，就是Big和凯莉举办婚前晚宴的地下大厅，可同时容纳36人用餐的古典长型餐桌，加上挑高6米的天花板吊着好几组巨型华丽吊灯，气派又辉煌。餐厅的菜色也如同装潢一般，巧妙将中西结合，热爱中国菜的美国主厨L. Symensma，曾在中国香港和马来西亚酒店学习中菜，他尤其擅长广东菜式，再结合西式的烹调和摆盘，例如将中式的炒菜加松子提味、把传统麻婆豆腐减辣加甜，口感也不错呢！

来这吃饮茶有别于我们习惯的港式茶楼点心，可说别有一番情趣。大力推荐它的招牌甜点Crying Chocolate（哭泣巧克力）：麦芽酒味的甘那许巧克力，加上茉莉花茶冰淇淋，呜呜呜……真要为这中西融合的美味喜极而泣啦！

地址：75 9th Ave.（between 15th St.& 16th St.）
电话：（212）989-6699
交通：地铁A、C、E到14 St站
地铁L到8 Av站
地铁1、2到18 St站
时间：周一5:30pm~11pm；
周二周三5:30pm~12midnight；
周四周五5:30pm~1am；
周六5pm~1am；周日5pm~11pm
网址：www.buddakannyc.com

凯莉和Aleksandr在Pastis餐厅用餐时，巧遇他的艺术界朋友

好吃的熏鲑鱼贝果早餐。

剧情：

凯莉和Aleksandr在此用餐时，巧遇他的艺术界朋友，Aleksandr为了向朋友们好好介绍女友以及她的专栏，念出凯莉一篇内容非常“限制级”的文章，一时气氛颇为尴尬。

出处：（第6季第17集）*The Cold War*（中文版名：《冷战》）

地点介绍：

Pastis是一种法国茴香酒，从餐厅名称已可感受其法式情调。这个地方很受《欲望都市》剧组喜爱，内景是凯莉和Aleksandr约会之地，外面的露天座位则是欲望四姊妹们周末常来吃早午餐（Brunch）的地方。剧情中Aleksandr在此巧遇他的艺术界朋友，事实上，这里的确是纽约文艺界人士的热门聚集地，格外有一种风雅气息。

Pastis的法国面包和法式洋葱汤都很地道，基本上，所有餐点在它的法式美感配制下都叫人更有食欲，即使一个简单的熏鲑鱼贝果早餐，也感觉特别有品位。带着一些慵懒风情，是Pastis餐厅最迷人之处，能在这里慢慢喝着咖啡，已经是一大享受。

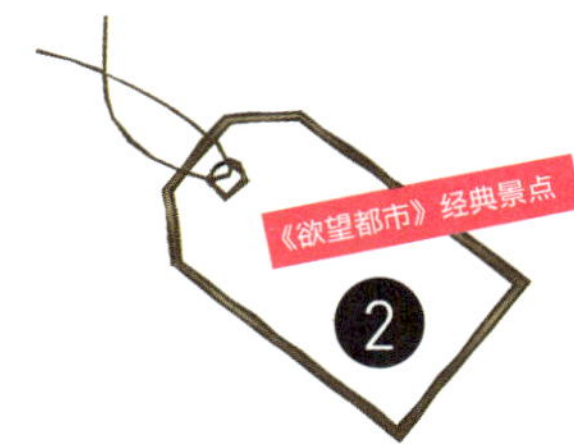

- 地址：9 9th Ave.（between Little W.12th St.& 13th St.）
- 电话：（212）929-4844
- 交通：地铁L到8 Av站
  地铁A、C、E到14 St站
  地铁1、2、3到14 St站
- 时间：周一到周三8am~1am；周四8am~2am；
  周五周六8am~3am；周日9am~1am
- 网址：www.pastisny.com

Pastis餐厅是纽约文艺界人士的热门聚集地。

莎曼珊冒充SoHo House会员，带着好姊妹们在顶楼游泳池享乐

剧情：

莎曼珊冒充SoHo House俱乐部的会员，带着好姊妹们一起在顶楼游泳池享乐，不过几个人开心没多久，就有员工过来质疑她的身份，于是莎曼珊便开始硬拗，她一听说持卡者是英国人就装出英国腔，被批评口音很怪后又改说她从小在印度长大，非常爆笑。

出处： 84集（第6季第10集）*Boy, Interrupted*（中文版名：《往日情怀》）

地点介绍：

SoHo House怎么不在SoHo区而在肉品包装区呢？其实这个名字与地区无关，它是一个针对演艺圈、时尚界、传媒人士的会员制俱乐部，1995年起源于伦敦，现在在欧美许多大城市都有分部。由于和英国渊源深，难怪剧情会设计持卡者是英国人、莎曼珊装英国腔这个笑点。

肉品包装区的这家SoHo House在2003年开业，之后便常有名人出入，像Lady Gaga就曾被狗仔拍到和男友在此约会。虽然从外观看来，这里是个不起眼的废弃仓库，但内部极为奢华，6层楼高的建筑只有24间客房，每间都超大，俱乐部内部设施有SPA、电影院、书房和餐厅，且不时有现场音乐表演和剧团演出。剧中拍摄的顶楼温水游泳池有吊床、酒吧，但确实只有会员才能享受，且会员审查严格，有钱都还得排队。

SoHo House外观是个不起眼的废弃仓库，但内部极为奢华。

地址：29 9th Ave.（between 13th St.& 14 St.）

电话：（212）627-3647

交通：地铁L到8 Av站
地铁A、C、E到14 St站
地铁1、2、3到14 St站

网址：www.sohohouseny.com

莎曼珊庆祝50岁生日的Vitra家具店

《欲望都市》经典景点

4

剧情：
为了莎曼珊50岁生日，姊妹们盛装打扮，开心齐聚一堂。

出处： 电影版第1集

地点介绍：
电影中庆祝莎曼珊50岁生日的地方，看似餐厅其实并不是餐厅，而是向新潮家具店Vitra借景拍摄。这个瑞士品牌Vitra是极简家具界的名牌，作品有着强烈的线条与色彩，尤其几款造型前卫又舒适的椅子，在设计界极具重要性和发展性。

像是丹麦设计师Verner Panton在20世纪60年代推出的线条宛如美人鱼的Panton Chair，是全球第一张椅身与椅脚一体成型的椅子，弧度完美堪称现代传奇经典。美国建筑师Frank Gehry打造出椅脚呈波浪纹的瓦楞纸椅Wiggle Side Chair，造型独特创新，看似脆弱却承受力惊人，也是当代杰作。

Vitra家具店设计多款新潮椅。

地址：29 9th Ave.
(between 13th St.& 14th St.)

电话：(212-463-5750

交通：地铁A、C、E到14th St.站
地铁L到Eighth Ave.站

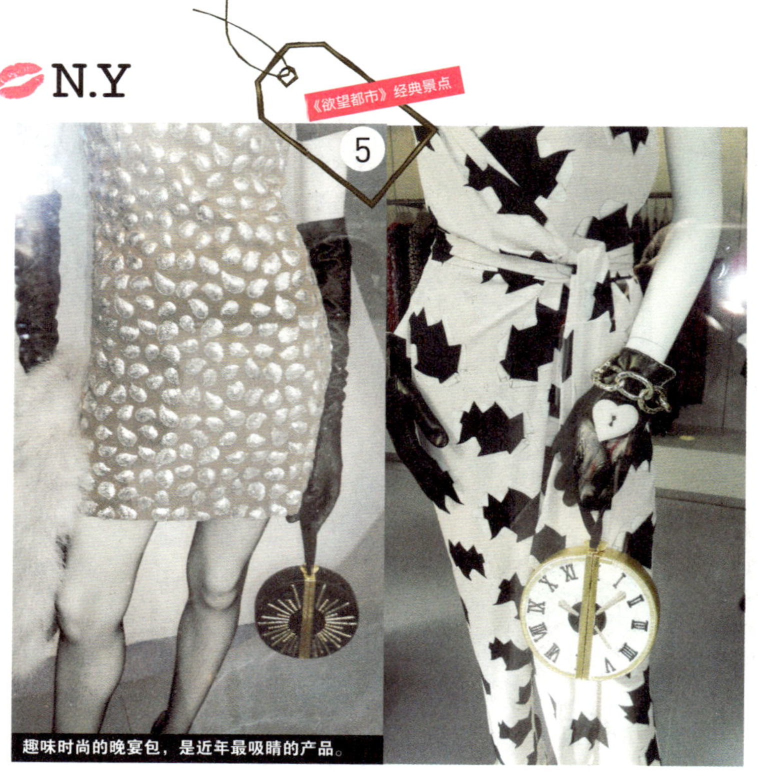

趣味时尚的晚宴包，是近年最吸睛的产品。

凯莉在逛Diane Von Furstenberg服装店时，打电话向莎曼珊宣告喜讯

剧情：

凯莉在Diane Von Furstenberg服装店里打电话向莎曼珊宣告结婚喜讯。

出处： 电影版第1集

地点介绍：

Diane von Furstenberg简称DVF，创立于1972年，它的服装特色有三：第一是擅长运用轻盈的材质来呈现女性的优雅飘逸；第二是货品保证限量，因此撞衫概率非常低；第三是走超高价位路线，所以客户多是名媛和明星。趣味又时尚的晚宴手提包，是DVF近年最吸睛的产品，也让这个牌子的辨识度和知名度大增。设计师以达利的超现实主义画风为灵感，设计了红唇、骰子、时钟、门锁等造型包，每款都精巧无比。

DVF擅长运用轻盈的材质来呈现女性的优雅飘逸。

- 地址：874 Washington St.（between 13th St. & 14th St.）
- 电话：（646）486-4800
- 交通：地铁L到8 Av站
  地铁A、C、E到14 St站
  地铁1、2、3到14 St站
- 营业时间：周一、二、三、五、六11am~7pm；周四11am~8pm；周日12pm~6pm
- 网址：www.dvf.com

Aidan的家具店Furniture Company，也是凯莉和Aidan初次见面的地方

剧情：

凯莉在参加一场家具展示会时，与家具设计师Aidan Shaw相谈甚欢，第一次见面双方就毫不掩饰对彼此的好感，心头小鹿乱撞的凯莉，谎称自己也是设计师争取折扣，冲动地买下Aidan设计的昂贵皮椅。

出处：（第3季第5集）*No Ifs, Ands or Butts*（中文版名：《没有任何借口》）

地点介绍：

拍摄Aidan家具店的场景是家具设计师David Schaefer的工作室，这里也会展览和销售来自世界各地创意设计师的作品。David Schaefer信奉“少即是多”的极简原则，擅长用不同材质拼搭，创造视觉惊喜。由于设计独特，价位也较高，例如一款亚麻和橡木拼接的沙发售价高达9200美元，但对味的买家就是欣赏David Schaefer的家具拥有不会过时的优点。

《欲望都市》经典景点 6

818 Greenwich St.（Jane & Horatio St.）

（212）352-2010

地铁L到8 Av站
地铁A、C、E到14 St站
地铁1、2、3到14 St站

剧中Aidan的家具店是设计师David Schaefer的工作室。

N.Y

从废弃工厂变大型商城的雀儿喜市场

Chelsea Market

地点介绍：

雀儿喜市场（Chelsea Market）以前是Nabisco食品工厂（有名的Oreo饼干是他们家的产品），后来一度成为废墟，1996年改建成一个大型商城，建筑保留原始的红砖墙，加上前卫现代感的设计，可说结合市集和艺廊于一身。

里面的小店琳琅满目，包括餐厅、烘焙店、咖啡厅、服装店，还有以龙虾闻名的生鲜超市等，烘焙店的种类众多，像布朗尼专卖店Fat Witch Bakery、杯子蛋糕店Eleni's、意大利甜点专卖店Buon Italia，还有面包种类超多的Amy's Bread和 Ruth's Bakery，真是个充满幸福感的地方。雀儿喜市场每天都早早就开张了（平日7点、星期天8点），让大家能来享受一顿满足的早餐。

1

雀儿喜市场保留原始的红砖墙。

结合市集和艺廊于一身。

其他必游景点……

- 地址：75 9th Ave.（Between 15th St.&16th St.）
- 电话：（212）243-6005
- 交通：地铁A、C、E到14 St站
  地铁L到8 Av站
  地铁1、2到18 St站
- 时间：周一到周六7am~9pm；周日8am~8pm
- 网址：www.chelseamarket.com

雀儿喜&肉品包装区
Chelsea & Meatpacking District

6-1 **看佛餐厅** / Buddakan
75 9th Ave.(between 15th St.& 16th St.)

6-2 **法式小馆Pastis餐厅**
9 9th Ave.(between Little W.12th St.& 13th St.)

6-3 **苏活之家** / SoHo House
29 9th Ave.(between 13th St.& 14 St.)

6-4 **Vitra家具用品店**
29 9th Ave. (between 13th St.& 14th St.)

6-5 **纽约服装品牌Diane Von Furstenberg**
874 Washington St. (between 13th St. & 14th St.)

6-6 **Furniture Company家具店**
818 Greenwich St. (Jane & Horatio St.)

6-Q1 **雀儿喜市场** / Chelsea Market
75 9th Ave. (Between 15th St.& 16th St.)

West Village & Greenwich Village

07 西村&格林尼治村

艺术、文学、音乐、同志、时尚……这些元素合力构成了“格林尼治村”和“西村”的特殊调调。先分析地理位置，在曼哈顿14th St.以南、Houston St.以北这块区域中，Broadway以东叫东村、以西叫格林尼治村，7th Ave.以西是西村。格林尼治村（Greenwich Village）和西村（West Village）合称村子（The Village），迷恋纽约波西米亚气息的人，肯定很爱窝在村子里。

横跨村子的Bleecker St.一带，不但酒吧和咖啡馆林立，而且很多都有名人驻足过。1940到1960年，大批艺术工作者、所谓“垮掉的一代”（Beat Generation）文学家、“民谣诗人”鲍勃·迪伦（Bob Dylan）这类音乐人，陆续来到当时租金低廉的村子聚集，这些文人墨客最喜欢流连在酒吧和咖啡馆获取创作灵感，而欢迎他们的店家，后来都因成名的客人而声名大噪，可说相得益彰。在此小憩，空气中弥漫的尽是酒香、咖啡香和一股不羁之气。

说到名人故居，推理小说创造者爱伦·坡（Allan Poe）曾居住在139 Waverly Place、《小妇人》作者路易莎·奥尔科特（Louisa May Alcott，1832—1888）住在130 MacDougal St.。此外，《汤姆·索亚历险记》作者马克·吐温（Mark Twain）、《推销员之死》剧作家亚瑟·米勒（Arthur Miller）、诺贝尔文学奖得主威廉·福克纳（William Faulkner）等人的家，都散布在华盛顿广场附近，值得一探。

西村自从2001年鬼才设计师Marc Jacobs来此大举开店后，如今已被戏称为Jacobs Village，时尚面貌愈来愈鲜明。而近年《欲望都市》中的热门景点凯莉公寓、Magnolia 杯子蛋糕店和Sushi Samba 7餐厅等，吸引了不少影迷前来。此外，1969年的“石墙暴动”让Greenwich Village的“石墙酒吧”从此成为同志平权运动的圣地，继而使得Christopher St.附近成为一个彩虹旗飘扬的特区。（有关石墙暴动历史请见内文石墙酒吧介绍）

N.Y 1 《欲望都市》经典景点

色彩缤纷的Magnolia杯子蛋糕。

夏绿蒂曾经穿著围裙和女儿一起做杯子蛋糕。

- 401 Bleecker St.（between Perry St.& 11th St.）
- （212）462-2572
- 地铁1、2到Christopher St - Sheridan Sq站
  地铁1、2、3到14 St站
  地铁L到8 Av站
- 周一到周四9am~11pm；
  周五周六9am~12midnight；周日9am~11:30pm
- www.magnoliabakery.com

凯莉和米兰达盛赞玛格诺利亚烘焙屋（Magnolia Bakery）有全纽约最好吃的杯子蛋糕

剧情：

凯莉和米兰达坐在Magnolia杯子蛋糕店门口的长椅上，边吃边聊感情话题，凯莉坦承最近迷恋一位家具设计师aidan，而米兰达则对男友史蒂夫的太不切实际感到头疼。或许是谈话太投入加上食物太好吃，两人已顾不得吃相。

出处：（第3季第5集）*No ifs, Ands or Butts*（中文版名：《没有任何借口》）

地点介绍：

在被凯莉盛赞为“全纽约最棒的杯子蛋糕”之后，玛格诺利亚烘焙屋（Magnolia Bakery）门口经常有排队人潮，生意好到店家还限量每人只能买一打。说到杯子蛋糕，这是美国人非常喜爱的甜点之一，尤其适合派对场合，往往还会特地准备专门的架子来放，摆成一棵“杯子蛋糕树”，兼具装饰功能。虽然我们也非常迷恋Cupcake的可爱造型，但是味道嘛……这得说美国人对“甜”的味蕾和我们很不一样，往往他们觉得的“甜蜜”的对我们已是“甜腻”，吃过的人觉得如何呢？呵呵，非常值得分享交流。Magnolia店里还有卖多款可爱的围裙，在电影版第2集里，夏绿蒂就是穿着Cherry Cupcakes围裙和女儿一起做杯子蛋糕，这件甜美围裙的价格，大人32.5美元、儿童26美元。

凯莉为了“解救脚踝脱离无聊生活”大买名牌Jimmy Choo

剧情：

这是凯莉超级热爱的英国女鞋品牌。观察凯莉的买鞋行为：有男人时，她有绝对理由要买鞋赴约；没有男人时，她更有充分理由要买，甚至某天心血来潮还一次买了好几双Jimmy Choo，只为了“解救脚踝脱离无聊生活”。

出处：（第3季第1集）*Where There's Smoke*（中文版名：《热情如火》）

地点介绍：

Jimmy Choo品牌由旅居英国的马来西亚华人设计师周仰杰于1996年创立，早期它的特色是高贵、华丽、性感得恰到好处，深得戴安娜王妃喜爱；现在Jimmy Choo强调女人味加趣味，在与当代波普艺术家Rob Pruitt合作设计下，彩色混染、黑白熊猫、闪亮斑马统统上场，要展现女性天使与魔鬼两种面貌。

1961年出生于马来西亚槟城鞋匠世家的周仰杰，从小就很有艺术天分，11岁时便制作出生平第一双鞋，27岁已在英国时尚界崭露头角。1990年，在受戴安娜王妃青睐为其制鞋后打响了国际知名度。6年后，周仰杰与英国*Vogue*杂志编辑塔玛拉·梅隆女士（Tamara Mellon）共同创立了以他为名的品牌Jimmy Choo，现在已成为女明星们在红地毯上亮相率超高的鞋款。

Jimmy Choo在中城645 5th Ave.和上东城716 Madison Ave.也有专卖店，2003年上东城店开业时，饰演莎曼珊的金凯特罗（Kim Cattrall）还特别性感出席，立刻成为镁光灯焦点。此外，Bloomingdales百货则有它的包包专区。

地址：407 Bleecker St.（between Bank and W.11th St.）
电话：（212）627-1188
交通：地铁A、C、E到14th St站
地铁1、2、3到14 St站
地铁L到8 Av站
网址：www.jimmychoo.com

英国名牌Jimmy Choo

凯莉和众男友道别的公寓门口

剧情：

凯莉离开派对后叫不到出租车回家，Mr. Big表示愿意载她一程，凯莉说请载她到72nd St.and 3rd Ave.，因为剧中设计凯莉是住在上东城的245 E.73rd St.，不过这是个虚构的地址，纽约并没有这个门牌号码。片中频繁出现凯莉与众男友道别的公寓门口，实际取景地点是在西村的66 Perry St.，现在也成为纽约热门观光景点。

出处：第1季第1集《欲望都市》等多集

地点介绍：

《欲望都市》爆红后，凯莉的公寓楼下永远都有大批观光客，川流不息地站在门口或坐在台阶上拍照，多少造成住户的困扰，因此现在楼梯口已挂上了“不准跨越”的牌子，游客虽然不能太靠近门口但仍然可以拍照啦，只是公寓管理委员会在楼梯边挂上了一个捐款箱，建议每个拍照的人捐献1美元，他们表示会把钱捐给动物保护组织做公益。

热门的《欲望都市》巴士团现在已经删除参观这个景点，不过巴士团会在附近的Magnolia杯子蛋糕店停留一阵子，有兴趣的人可以趁自由活动时间，自行前往走路不到5分钟的凯莉公寓。至于凯莉的住家内部取景并不在楼上，而是在皇后区的Silvercup Studios银杯摄影棚搭景拍摄。

66 Perry St.（Between West 4th St.and Bleecker St.）

地铁1、2到Christopher St - Sheridan Sq站
地铁1、2、3到14 St站
地铁L到8 Av站

两只靴子是根据意大利形状和美国路易斯安那州形状来取名。

凯莉和米兰达吃不惯生冷的食物，赶紧换到两只靴子比萨（Two Boots Pizza）饱餐一顿

《欲望都市》经典景点

4

剧情：

凯莉和米兰达吃不惯Raw餐厅中生冷的食物，离开餐厅后立刻冲往Two Boots Pizza店，边吃边说："现在这个才叫作食物。"

出处： 76集（第6季第2集）*Great Sexpectations*（中文版名：《高度忤期望》）

地点介绍：

为什么叫作Two Boots（两只靴子）呢？ 因为这家店的Pizza口味是以意大利以及美国南方的Cajun和Creole料理为主，所以根据意大利形状和美国路易斯安那州形状来取名，非常有创意。事实上，店内各个Pizza的名称也很有意思，多是美国电视剧中人物的名字。在曼哈顿有多家分店的Two Boots经营到凌晨，是许多夜猫子的最佳消夜选择。Two Boots Pizza的食材中常见Crawfish（小龙虾）和Andouille Sausage（有辣味和烟熏味的猪肉香肠），有人喜欢，也有人觉得口味太重。要说这真的比生食好吃吗？凯莉和米兰达的口味可以说是一般"吃重咸"的老美口味，但喜欢生鱼片或清淡口味的人或许认为生食新鲜健康，而Pizza只能偶尔吃吃呢，毕竟口感人人不同。

- 201 W.11th St.（between 7th Ave.& Greenwich Ave.）
- （212）633-9096
- 地铁1、2、3到14 St站
  地铁L到8 Av站
  地铁1、2到Christopher St - Sheridan Sq站
- 周一到周四11:30am~12midnight；
  周五周六11:30am~1am；周日11:30am~11pm
- www.twoboots.com

The Pleasure Chest的情趣用品呈现较具质感。

《欲望都市》经典景点

5

夏绿蒂想不到The Pleasure Chest情趣用品店的“Rabbit”如此可爱

剧情：

夏绿蒂原本不能接受按摩棒这种东西，但当她在情趣用品店里看到粉红色的“Rabbit”时，直赞可爱，夸它有彼得兔的脸，又有遥控，想多懒就可以多懒，显得非常迷恋。

出处：（第1季第9集）*The Turtle and the Hare*（中文版名：《龟兔赛跑》）

地点介绍：

自从Rabbit在《欲望都市》登场之后，The Pleasure Chest情趣用品店也红了，据了解女星珍妮·杰克逊（Janet Jackson）和“黑珍珠”娜奥美·金宝（Naomi Campbell）都曾来光顾，格温妮丝·帕特罗（Gwyneth Paltrow）甚至还一口气买了4支按摩棒送给她的女性好友，可说把好莱坞一票“欲女”都给吸引过来啦。和一般情趣用品店相比，The Pleasure Chest的店面呈现比较没那么狂野情色，多了一些科技感让它显得较具质感。

156 7th Ave.S.（between Charles St.）
（212）242-2158
地铁1、2到Christopher St - Sheridan Sq站
地铁1、2、3到14 St站
地铁A、B、C、D、E、F、M到W 4 St站
www.thepleasurechest.com

莎曼珊不接受Richard的劈腿道歉，在寿司森巴（Sushi Samba 7）里泼他马丁尼

剧情：

花心大萝卜Richard被莎曼珊抓到劈腿后，想向她道歉，两人约在Sushi Samba见面。莎曼珊虽然赴约，但是她什么话都不想听，一到餐厅就怒气冲冲拿起桌上的马丁尼，狠狠往理查德脸上泼去。

出处：（第5季第1集）*Anchors Away*（中文版名：《挚爱理论》）

地点介绍：

寿司森巴（Sushi Samba）在曼哈顿有两家，位于第七大道的叫Sushi Samba 7（西村），位于公园大道的叫Sushi Samba Park（熨斗大楼区，地址245 Park Ave. between 19th St.& 20th St.）。“悍姊泼酒”的好戏就是在西村这家上演。

Sushi Samba以日本、巴西和秘鲁的混合料理著名，装潢也是如此，店内店外艳丽的色彩展现出拉丁美洲的热情洋溢，墙上风雅的书法字和竹子装饰又呈现出一种含蓄的东方美，是纽约最in的融合风情餐厅代表。各种创意寿司是这家的招牌，当然非点不可，日式味噌鲈鱼（Miso-Marinated Sea Bass）等海鲜料理滋味美妙。本来要配合剧情点一杯Dirty Martini，但酒单上各种调酒样样令人心动，简直难下决定，含有一种巴西莓（Acai）的Samba Juice是店里鸡尾酒的大热门。吃着日式美食，喝着拉丁美酒，好一个“寿司森巴”！

地址：87 7th Ave. S.（between Barrow St.）

电话：（212）691-7885

交通：地铁1、2到Christopher St - Sheridan Sq站
地铁A、B、C、D、E、F、M到W 4 St站
地铁1、2到Houston St站

时间：周一到周三11:45am~1am；周四到周六11:45am~2am；周日11:30am~12midnight

网址：www.sushisamba.com

《欲望都市》经典景点 6

寿司森巴外观色彩鲜艳，呈现拉丁美洲的热情。

纽约名气最大的热狗店Gray's Papaya Dog。

得知凯莉新书发表，出租车女司机载她到Gray's Papaya热狗店庆祝

剧情：

在凯莉的新书发表会之后，热心的出租车女司机载她到Gray's Papaya热狗店庆祝，店家也坚持请客，让她备感温馨。

出处：（第5季第5集）*Plus One is the Loneliest Number*（中文版名：《只有寂寞》）

地点介绍：

热狗是纽约著名小吃之一，其中以24小时营业的Gray's Papaya名气最大，美食评分赢过另外两家热狗店Papaya Dog和Papaya King（纽约热狗店名好像离不开Papaya）。除了在《欲望都市》中出现，电影《电子情书》（*You've Got Mail*）中它是男女主角一致喜爱的热狗店，另外《虎胆龙威3》（*Die Hard with a Vengeance*）和《剩女也疯狂》（*The Back-up Plan*）也都曾在这拍摄。

Gray's Papaya的热狗皮脆肉嫩，搭配酸菜口感更好，它的价格就是剧中所提到的，一个7毛5分美金，在纽约可说是超出行情的低价。店内有木瓜、柳橙、葡萄等多种果汁选择，其中木瓜汁是他们的主打（这也是店名由来），口味跟中国台湾著名的木瓜牛奶是完全不同的，可以尝个新鲜。

花哨的布置是Gray's Papaya的一大特色，小小的店面天花板上挂满各种“纸水果”，尽管店内连座位都没有，只能站着吃，可还是顾客盈门，可见它的吸引力之大了。Gray's Papaya在上西城2090 Broadway（between 72nd St.& 73rd St.）还有分店，不过中城539 8th Ave.的分店已经关闭。

: 402 6th Ave.
: （212）260-3532
: 地铁1、2、3到72 St站
地铁1、2到79 St站
地铁A、B、C到72 St站

Aidan认为没到过Blue Note不能称为纽约客

剧情：

“我不敢相信你没到过Blue Note还敢自称纽约客。”这句话出自Aidan之口，从他对Blue Note爵士酒吧的推崇程度，就可知这地方多么具有纽约代表性。虽然剧中两人来此约会，但没有出现Blue Note爵士酒吧的画面，只有在对话中提到它的大名。

出处：（第3季第6集）*Are We Sluts ?*（中文版名：《城市"欲"女》）

地点介绍：

1981年开业的Blue Note爵士酒吧，外观造型是一架演奏式三角钢琴，光看门口就很有音乐气氛了！Blue Note之所以如此有名，在于他们能请到爵士界的天王天后来表演，像是有“上帝的礼物”之称的爵士女伶莎拉·沃恩（Sarah Vaughan）、爵士钢琴大师奥斯卡·彼得森（Oscar Peterson）、爵士Bass大师雷·布朗（Ray Brown）等人。

Blue Note会依照乐手的知名度、不同演出时段调整票价，吧台区票价每人10到45美元（可现场购买但不保证有位），餐桌区票价每人25到75美元（必须先预订），这只是门票钱，加点饮食还要另外计价。我们是在周日中午时段前来欣赏，此时票价多固定在每人29.5美元，包括听音乐和早午餐，如果不在意是否一定要晚上听，这是个不错的选择。

外观造型就是一架演奏式三角钢琴。

- 131 W.3rd St.（between Avenue Of The Americas & Mac Dougal St.）
- （212）475-8592
- 地铁A、B、C、D、E、F、M到W 4 St站
  地铁1、2到Christopher St - Sheridan Sq站
  地铁1、2站Houston St站
- www.bluenote.net/newyork

准新郎Harry在意大利餐厅Da Silvano将他的伴郎Howie介绍给凯莉

剧情：

准新娘夏绿蒂和好姊妹们共享午餐时，准新郎Harry将他的伴郎Howie介绍给大家，Howie外形不错、谈吐又幽默，像是当他知道凯莉要写空中飞人报道时，搞笑说自己明天要去驯狮，把姊妹们都逗笑了，大家都有意撮合凯莉和他成为一对。

出处：（第6季第08集）*The Catch*（中文版名：《捕捉爱情》）

地点介绍：

1975年开张的意大利餐厅Da Silvano，以名厨Silvano Marchetto的好手艺为号召，标榜托斯卡尼风情料理（Tuscan Cuisine），吸引许多饕客前来。托斯卡尼料理属于意大利乡村菜，不管是面还是色拉，都比一般意大利料理清淡，让我们更能从中好好品尝食材真味。Da Silvano整间店的布置，让人仿佛沉浸在南欧暖洋洋的金黄色阳光里，非常有气氛，室内灯光效果尤其别致。要是天气好的话，像欲望四姊妹一样坐在户外露天咖啡座用餐，也是一大享受。

地址：260 6th Ave.

电话：（212）982-2343

交通：地铁1、2到Houston St站
地铁A、B、C、D、E、F、M到W 4 St站
地铁A、C、E到Spring St站

时间：周日到周四12noon~12midnight；
周五周六12noon~1am

网址：www.dasilvano.com

餐厅气氛让人仿佛沉浸在南欧的金黄色阳光里。

凯莉和高中男友Jeremy在意大利餐厅OTTO Enoteca Pizzeria重新坠入爱河

剧情：

凯莉的高中男友Jeremy（由《X档案》男主角大卫·杜考夫尼David Duchovny饰演）突然与她联系上，凯莉很好奇想看他是否仍是当初和她陷入热恋的那个人，于是相约共餐，结果惊喜发现他比以前还帅，更加分的是他还离婚了，当这对老情人得知彼此都是单身时，瞬间坠入爱河。

出处：（第6季第10集）*Boy, Interrupted*（中文版名：《往日情怀》）

地点介绍：

OTTO Enoteca Pizzeria是意大利名厨Mario Batali的店，OTTO是意大利文的8，应该是指它位于8街上；而Enoteca是意大利文的小酒馆，因此这家餐厅也特别强调酒吧的部分，吧台区空间很大，拥有上百种红酒，周末还会开设专业红酒课程，每人40美元。餐厅内部被设计成意大利火车站的样子，大大的火车时刻表上写着许多意大利城市名称，显得复古又热闹。来这里吃着正统意大利脆薄皮Pizza、喝着意大利酒、听着意大利歌剧，太有异国情调了。大力推荐餐后点一球以橄榄油为原料的意大利冰淇淋，香气浓郁而不油腻，真是难得尝到的独特口感！

吧台区拥有上百种红酒，周末会开红酒课程。

- 地址：1 5th Ave.（between Washington Mews & 8th St.）
- 电话：（212）995-9559
- 交通：地铁A、B、C、D、E、F、M到W 4 St站
  地铁N、R到8 St - Nyu站
  地铁4、6、6X到Astor Pl站
- 时间：每天11:30am~12midnight
- 网址：www.ottopizzeria.com

《欲望都市》经典景点

11

超炫的保龄球馆Bowlmor Lanes。

Mr. Big和凯莉分手后都忘不了对方，相约Bowlmor Lanes打保龄球

剧情：

分手后的Mr. Big和凯莉，似乎都忘不了对方，两人相约打保龄球，试图恢复关系。从打球过程中凯莉灿烂的笑容，可看出她是真的非常在乎Mr. Big。

出处：（第2季第5集）*Four Women and a Funeral*（中文版名：《四个女人和一场葬礼》）

地点介绍：

荧光色的保龄球、黑暗中会反光的球道、前卫的造景装潢，用心打造的Bowlmor Lanes真是太炫了！平日每人一局11到13美元，周六每人一局特价9.95美元，租鞋每人5.5美元。除了保龄球以外，店内还有迷你高尔夫等其他玩乐项目。

一般保龄球馆的食物通常只是填饱肚子的汉堡、热狗等，但对食物要求很高的Bowlmor Lanes有请大厨掌厨，店家希望客人不但能玩得尽兴，也能吃得满意，让保龄球馆也能成为约会的好地方。

- 地址：110 University Place（between 12th St.& 13th St.）
- 电话：（212）255-8188
- 交通：地铁L到Union Sq - 14 St站
  地铁4、5、6、6X到14 St - Union Sq站
  地铁N、Q、R到14 St - Union Sq站
- 时间：周一到周四5pm~1am；周五1pm~3am、周六11am~3am；周日11am~1am
- 网址：www.bowlmor.com

凯莉庆祝35岁生日却被众人放鸽子的意大利餐厅IlCantinori

剧情：

穿得一身火红的凯莉，本打算在此好好庆祝35岁生日，却被众人放鸽子，心情已经够低潮了，偏偏旁边那桌也是庆生趴，寿星还大喊："25岁，妈的，我老了！"真是雪上加霜啊。

出处：（第4季第1集）*The Agony and the 'Ex'Tacy*（中文版名：《灵魂伴侣》）

地点介绍：

凯莉在这家餐厅只点了一杯Shirley Temple调酒，就因好友们放鸽子而落寞离开，什么好料都没吃到，真是可惜，那我们就代她来尝一尝吧！

这家标榜地道托斯卡纳（Tuscan）菜式的意大利餐厅，强调美味秘诀是"选择最好的食材，施以最少的加工"，并且根据不同季节的原材料推出不同的菜式，它的香料肋眼牛排（Rib Eye Steak with Herbs）确实香嫩度绝佳。正餐之后配上招牌甜点榛果冰淇淋三明治（Hazelnut Ice Cream Sandwich），更加完美。

：32 E.10th St.（between University Pl. & Broadway）
：（212）673-6044
：地铁N、R到8 St - Nyu站
地铁4、6、6X到Astor Pl站
地铁L到Union Sq - 14 St站
：周一到周四12noon~11pm；周五12noon~12midnight；
周六5pm~12midnight；周日5pm~11pm
：www.ilcantinori.com

意大利餐厅Il Cantinori 标榜地道Tuscan菜式。

《欲望都市》经典景点

13

剧中的Nell's酒吧是美式餐厅Darby的前前前身。

欲望四姊妹的Nell's酒吧和林书豪的Darby餐厅

剧情：

欲望四姊妹到Nell's酒吧参加“变装皇后”宾果游戏时，发现莎曼珊的曲棍球员前男友竟然是其中一位。

出处： 21集（第2季第9集）*Old Dogs, New Dicks*（中文版名：《老狗新家伙》）

地点介绍：

《欲望都市》中的拍摄景点Nell's酒吧已结束营业，变成了美式餐厅Darby，在2012年“林来疯”时期，林书豪（Jeremy Lin）曾和尼克斯队友杰弗里斯（Jared Jeffries）、诺瓦克（Steve Novak）、菲尔兹（Landry Fields）来此用餐，让这家餐厅知名度大增。Darby装潢延续之前的夜店风，食物分量超大，难怪深受大食量的球员青睐，冲着豪哥带路，咱们也就给它豪放地吃下去吧。

说到Darby的前身，与饰演Mr. Big的克里斯·诺斯很有关联。回到1986年，女星尼尔·坎贝尔（Nell Campbell）开设了Nell's酒吧，当时曾是纽约热门夜店代表，在《欲望都市》取景后更加声名大噪。1998年，尼尔·坎贝尔将酒吧卖给克里斯·诺斯及其合作伙伴，店名改为NA，却在2004年结束营业；后来克里斯·诺斯又将它改成半私人俱乐部Plumm，但2009年再度关门。即使如此，克里斯·诺斯仍热衷于开店，除了美国，连加拿大都有他的餐厅事业。

地址：244 W. 14th St.
（between 7th Ave. & 8th Ave.）

电话：（212）242-4411

交通：地铁A、C、E到14th St站
地铁1、2、3到14 St站
地铁L到8 Av站

时间：周一到周六 6pm~12midnight，周日不营业

网址：www.thedarbynyc.com

其他必游景点……

时尚一哥Marc Jacobs把West Village 打造成Jacobs Village

Marc Jacobs

地点介绍：

2001年，新锐设计师马克·雅可布（Marc Jacobs）在西村开设了第一间Marc by Marc Jacobs女装店，由于当时他没有财力和跨国品牌集团争抢第五大道或SoHo的店面，所以“只能”选择西村，没想到因为他的进驻，让西村人气大涨，再加上知名餐厅和戏剧拍摄景点的联合带动，地价10年翻涨5倍。

1963年生于纽约的Marc Jacobs，1997年到2013年曾经身为名品龙头Louis Vuitton创意总监，连带他自己的牌子Marc Jacobs及其副牌Marc by Marc Jacobs也备受瞩目。他为LV设计的服装较为简洁，在自己的品牌里则较活泼多彩，走的是“时尚浪人”路线，将他个性中的波西米亚不羁性格全部发挥出来。

而这位鬼才设计师似乎也在西村开店上了瘾，继女装店之后，他又陆续在四周开设男装（382 Bleecker St）、童装（298 W. 4th St.）、配件（301 W. 4th St.），以及书店Bookmarc（400 Bleecker St.），怪不得West Village 又有Jacobs Village之称。

1

地址：403 Bleecker St.（between 11th St. & Bank St.）
电话：（212）924-0026
交通：地铁A、C、E到14th St站
地铁1、2、3到14 St站
地铁L到8 Av站
网址：www.marcjacobs.com

纽约潮牌Marc by Marc Jacobs。

 N.Y

影集《老友记》里的公寓

Friends

地点介绍：

位于西村Bedford St.与Grove St.交叉口的公寓，看似很一般，却不时有游客指指点点和拍照，原来这里是在《老友记》（*Friends*）里几乎每集都会闪现一下的公寓外观，对照墙面、墙沿和公寓外楼梯，愈看愈亲切啦。不过一楼餐厅并不是影集中的Central Perk，而是The Little Owl。

基本上这部戏只有公寓外观是实景而已，餐厅和住家内部，都是在加州Burbank片场拍摄的。美国以纽约为发生地点的戏剧不胜枚举，但是大都在各大片场里完成，真正像《欲望都市》这样实景拍摄得寥寥可数。

地址：90 Bedford St.（between Grove St.& Barrow St.）

交通：地铁1、2到Christopher St - Sheridan Sq站
地铁A、B、C、D、E、F、M 到W 4 St站
地铁1、2到Houston St站

这栋公寓几乎在每一集《老友记》里都会出现一下。

其他必游景点……

2

Stonewall Inn石墙酒吧

Christopher Park克里斯托弗公园。

地址：53 Christopher St.（between Waverly Pl. & 4th St.）
电话：（212）488-2705
交通：地铁1、2到Christopher St - Sheridan Sq站
地铁A、B、C、D、E、F、M 到W 4 St站
地铁1、2、3到14 St站
时间：每天2pm~4am
网址：www.thestonewallinnnyc.com

其他必游景点……3

同志聚会场所石墙酒吧是1969年“石墙暴动”的发生地

Stonewall Inn

地点介绍：

悬挂着彩虹旗的石墙酒吧（Stonewall Inn）是著名同志聚会场所，也是1969年6月28日“石墙暴动”（Stonewall riots）的发生地。在此事件之前，警方已经常突击这里，举凡同性接吻、牵手，都可能是被逮捕的理由。

事件当天，两名警察又以调查酒精饮料许可为由清空酒吧，将所有客人留在店外街道上，这时一名变装皇后（另有说法是女T）因受不了警方长期找理由清查，愤而向警察挑衅，也有人朝警察丢硬币，警察拿出警棍殴打滋事者，有人被打断手指，场面开始失控，附近同志陆续前来声援，大家开始唱着*Gay Power!*，约400位愤怒群众向警方投掷石块和瓶子，双方冲突持续5个晚上才终于平息。

这段因警察突击酒吧逮捕同志而引爆大规模抗争的历史，在旁边的Christopher St.地铁站里，以艺术的表现方式记录在墙面上。危机也是转机，石墙运动之后，每年6月最后一个周日固定举办“同志骄傲大游行日”（Gay Pride Day），支持者都会齐聚石墙酒吧纪念和庆祝。石墙酒吧所在的Christopher St.是著名的同志区，这条街和Grove St.交界的克里斯托弗公园（Christopher Park）里面有个名为“同志解放”（Gay Liberation）的男男雕像和女女雕像，一对女同志坐在座椅上相互安慰，一对男同志站在一起互相打气，纪念着同志争取平权的过程。这是艺术家George Segal于1980年铸造，1992年设立在公园里的。

Caffe Reggio咖啡馆是《教父第二集》场景之一。

其他**必游**景点……

美国第一家引进卡布奇诺的咖啡馆

Caffe Reggio

地址：119 MacDougal St.（at West 3rd St.）
电话：（212）475-9557
交通：地铁A、B、C、D、E、F、M到W 4 St站
地铁1、2到Christopher St - Sheridan Sq站
地铁1、2站Houston St站
时间：周日到周四8am~3am；周五周六8am~4:30am
网址：www.caffereggio.com

地点介绍：

1927年开张的Caffe Reggio，号称是美国第一家引进卡布奇诺的咖啡厅，浓浓的卡布奇诺混着浓浓的肉桂香气，老字号确实有它的味道，店里至今保留着最早期的咖啡机，要证明它的味觉先锋地位。这里是辉煌的波西米亚年代到现今还硕果仅存的几间咖啡厅之一，无数有名的艺术家都曾在这里驻足或聚会过，要体会它的历史感，就进来喝杯卡布奇诺吧。

Caffe Reggio曾出现在电影《教父第二集》（*The Godfather Part II*）里，罗伯特·德尼罗（Robert De Niro）饰演年轻时的教父唐·维托·柯里昂（Don Vito Corleone），曾和战友彼得·克里曼沙（Peter Clemenza）在这里一起喝咖啡。另外在电影《大公司小老板》（*In Good Company*）里，纽约大学（NYU）学生爱丽斯（斯嘉丽·约翰逊Scarlett Johansson饰）和老爸的公司新来的主管卡达（托弗·戈瑞斯Topher Grace 饰）在这里不期而遇。

鲍勃·迪伦纽约表演成名地Cafe Wha？俱乐部

Cafe Wha ?

地点介绍：

“摇滚民谣诗人”鲍勃·迪伦（Bob Dylan）在1961年来到纽约后，第一个固定演出的地方就是在Cafe Wha？俱乐部。由于驻唱表现突出，连哥伦比亚唱片公司都慕名而来与他签约，1962年便推出了第一张同名专辑《Bob Dylan》，其中他自己的创作曲*Talking New York*，大谈在异乡纽约的生活感慨和驻唱心情，歌词中说他为了挣1美元，吹口琴吹得肺都要爆了。说到鲍勃·迪伦最有名的作品，就是曾在电影《阿甘正传》（*Forrest Gump*）中出现过的那首反战歌曲*Blowing in The Wind*。但原创的鲍勃·迪伦并没有把这首歌唱红，最早翻唱这首歌走红的是Peter, Paul and Mary三重唱，而他们几个也是从Cafe Wha？发迹的，可见这里确实是人才辈出。在当时夜夜笙歌的各家Live演唱俱乐部中，Cafe Wha？是极少数历经岁月考验至今依旧活跃的，这里不只有歌手和乐团演唱，还有脱口秀、模仿秀和魔术表演，节目丰富多样。

其他必游景点……

5

：115 MacDougal St.
：（212）254-3706
：地铁A、B、C、D、E、F、M到W 4 St站
地铁1、2到Christopher St - Sheridan Sq站
地铁1、2站Houston St站
：每日 8:30 pm~3 am
：www.cafewha.com

Cafe Wha？俱乐部里音乐人才辈出。

拱门上的华盛顿雕像栩栩如生。

华盛顿广场时常有音乐或舞蹈表演。

6

其他必游景点……

华盛顿广场公园的拱门是电影电视常客

Washington Square Park

介于 Waverly Pl, 4th St, University Pl, 和 MacDougal St.

地铁N、R到8 St - Nyu站
地铁4、6、6X 到Bleecker St站
地铁A、B、C、D、E、F、M 到W 4 St站

www.washingtonsquarenyc.org

地点介绍：

华盛顿广场公园（Washington Square Park）的拱门是格林尼治村的显著地标，也是电影电视中的常客，影集《老友记》（*Friends*）和电影《我是传奇》（*I am Legend*）中都出现过。1888年，为庆祝美国首任总统乔治·华盛顿（George Washington）就职百年，政府在公园北侧兴建木质纪念拱门；1892年，纽约建筑师斯坦福·怀特（Stanford White）参考巴黎凯旋门设计，改建为大理石拱门；1918年，拱门两侧又再加上两尊华盛顿雕像，分三阶段打造成现在的模样。广场里的喷泉四周，常有音乐舞蹈表演。公园西南角的固定式棋盘，常有玩家比赛交流。

华盛顿广场附近有许多名人故居，包括《汤姆·索亚历险记》作者马克·吐温、《推销员之死》剧作家亚瑟·米勒（Arthur Miller）、诺贝尔文学奖得主威廉·福克纳（William Faulkner）等。知名的纽约大学（NYU），其教学大楼、图书馆、宿舍等建筑也分布在华盛顿广场周围。

西村&格林尼治村

West Village & Greenwich Village

7-1 **Magnolia杯子蛋糕店**
401 Bleecker St.(between Perry St.& 11th St.)

7-2 **英国名牌Jimmy Choo**
407 Bleecker St.(between Bank and W.11th St.)

7-3 **Carrie的公寓门口**
66 Perry St.(Between West 4th St.and Bleecker St.)

7-4 **两只靴子比萨** / Two Boots Pizza
201 W.11th St.(between 7th Ave.& Greenwich Ave.)

7-5 **The Pleasure Chest情趣用品店**
156 7th Ave.S.(between Charles St.)

7-6 **寿司森巴** / Sushi Samba 7
87 7th Ave.S.(between Barrow St.)

7-7 **Gray's Papaya Dog热狗店**
402 6th Ave.

7-8 **Blue Note爵士酒吧**
131 W.3rd St.(between Avenue Of The Americas & Mac Dougal St.)

7-9 **意大利餐厅Da Silvano**
260 6th Ave.

7-10 **意大利餐厅OTTO Enoteca Pizzeria**
1 5th Ave.(between Washington Mews & 8th St.)

7-11 **Bowlmor Lanes保龄球馆**
110 University Place (between 12th St.& 13th St.)

7-12 **意大利餐厅Ⅱ Cantinori**
32 E.10th St.(between University Pl. & Broadway)

7-13 **美式餐厅Darby**
244 W. 14th St. （between 7th Ave. & 8th Ave.）

7-Q1 **纽约潮牌Marc by Marc Jacobs**
403 Bleecker St. (between 11th St. & Bank St.)

7-Q2 **影集《六人行》（Friends）里的公寓**
90 Bedford St. (between Grove St.& Barrow St.)

7-Q3 **克里斯托弗公园** / Christopher Park & **石墙酒吧** / Stonewall Inn
53 Christopher St. （between Waverly Pl. & 4th St.）

7-Q4 **Caffe Reggio咖啡馆**
119 MacDougal St. （at West 3rd St.）

7-Q5 **Cafe Wha? 俱乐部**
115 MacDougal St.

7-Q6 **华盛顿广场公园** / Washington Square Park
介於 Waverly Pl, 4th St, University Pl, 和 MacDougal St.

East Village & Lower East Side

08 东村&下东城

东村（East Village）、格林尼治村（Greenwich Village）和西村（West Village），同样是弥漫着波西米亚风、吸引艺术家落脚的地方，但是散发出来的气息不太一样。西村和格林尼治村的氛围偏向文艺中带点颓废；而东村的风格较为狂野叛逆。东村在20世纪70年代和80年代是朋克族的聚集地，当时到处充斥着反战示威和性解放运动。如今游客仍可从街头的刺青店、朋克风服装店、二手唱片行、地下酒吧，感受这里的另类趣味。

也难怪有"时尚界朋克教母"之称的薇薇恩·韦斯特伍德（Vivienne Westwood）之前会将她的店开设在东村（175 E. 2nd St.），可惜这家店已结束营业，不过还好有《欲望都市》造型师派翠西亚·菲尔德（Patricia Field）的服装店进驻此区，可以好好来寻宝，而且店里也有Vivienne Westwood的部分商品。虽然东村的朋克音乐圣地CBGB关门大吉令乐迷万分感叹，不过接班的男装品牌约翰·瓦维托斯（John Varvatos），依然保留着CBGB的舞台和摇滚精神。

东村最热闹的一条街叫圣马克广场（St. Mark's Place），这里稀奇古怪的商店很多，充满新奇活力。又因为日式居酒屋、拉面馆、寿司店、烧烤店、甜品店密集，满街都是日文招牌，因此有"小东京"（Little Tokyo）之称。而附近的East 6th St.则是咖喱飘香的印度料理大本营。

这里的地铁大站阿斯特广场（Astor Place），来东村的游客几乎都会经过，在这个三角形的区域上，有艺术家Tony Rosenthal 在1967年设计的雕塑作品叫Alamo，由于它的外形是黑色四方体，因此大家都昵称它The Cube，The Cube看似造型简单平凡，却有可以转动的特色，因此非常讨喜。

N.Y 《欲望都市》经典景点

1

一头红发的Patricia Field画像也是店内装饰。

夏绿蒂在造型师派翠西亚·菲尔德（Patricia Field）的服装店挑性感内衣

剧情：

新婚的夏绿蒂想以"内衣攻势"色诱老公，拉着凯莉一起去挑性感内衣。一向端庄的她决定豁出去，强调要找惹火款式，还说最好能让她看起来像公园大道的应召女郎。

出处：（第3季第16集）*Frenemies*（中文版名：《性不性有关系》）

地点介绍：

夏绿蒂和凯莉挑选内衣的店，就在《欲望都市》专属造型师派翠西亚·菲尔德的服装店。她在成功打造了4位纽约时尚女子的造型之后声名大噪，当时在SoHo开设的服装店立马爆红，红到必须扩店，现在已搬到NoHo扩大经营。

一头火红的头发是Patricia Field的注册商标，对造型很有想法的她，24岁就自创品牌"House of Field"，多为带有嬉皮风味的时髦服装。她本人的穿衣风格是"白天，简约中带点意外；晚上，混乱中带点眩目。"她擅长把当季的潮流衣、珍贵的古董衣、过气的旧衣，以及各大时尚名牌融为一体，而这也正是《欲望都市》的服装精髓。Patricia

非常有个性的Patricia Field包包。

- 地址：306 Bowery（between Houston St.& Bleecker St.）
- 电话：（212）966-4066
- 交通：地铁4、6、6X到Bleecker St站
  地铁F到2 Av站
  地铁B、D、F、M到Broadway-Lafayette St站
- 网址：www.patriciafield.com

店内行头琳琅满目。

古代状元郎造型很受Patricia Field青睐。

各式假发、配件打造千面女郎。

Field的名气和搭配功力，让导演徐静蕾在拍摄电影《杜拉拉升职记》中力邀她担任服装指导。

现在店里除了有她自己的品牌“House of Field”之外，也代理其他气味相投设计师像是“时尚界朋克教母”薇薇恩·韦斯特伍德的作品，还有她从各地带回来的充满特色的小玩意儿，看似混杂，凑在一起却能产生奇妙的化学作用。整个服装店装潢也很有夜店风，空中吊着色彩鲜艳的大鹦鹉、中国古代状元郎和Patricia Field本人的画像都成了代表装饰，整体营造出个性、前卫、花哨又性感的纽约风。

CBGB舞台变鞋区，设计绝妙！

《欲望都市》经典景点

2

莎曼珊当酒保的CBGB俱乐部，变成约翰·瓦维托斯（John Varvatos）潮男服饰店

剧情：

凯莉认识莎曼珊时，她正在CBGB俱乐部里做酒保，画面上出现莎曼珊当年的造型：爆炸头、铆钉牛仔背心、豹纹裤、金属链、红皮靴，真是朋克爆表。

出处： 电影版第2集

地点介绍：

1973年开张的CBGB俱乐部，是纽约“朋克摇滚”（Punk Rock）的发源地，“朋克摇滚教母”佩蒂·史密斯（Patti Smith）是其代表人物。对许多乐迷来说，在这里疯狂呐喊，是不可或缺的精神食粮。可惜2006年因租约问题停止营业，之后曾想重新开张但负责人不幸过世，终于在乐迷的不舍中画下句点。

店内完美传承CBGB的遗风。

服装调性走冷色系简约风，酷劲十足。

CBGB旧址由著名男装品牌John Varvatos接班。

不过最新消息指出，收购CBGB的投资团队有意另觅地点、重振“朋克不死”的传奇。2012年7月先以音乐节形式复出的CBGB，在中央公园等地再秀叛逆激情，以后每年夏日也都要带领乐迷疯狂。

如今，CBGB旧址已由著名男装品牌约翰·瓦维托斯（John Varvatos）接班，它完美地传承了前辈的遗风，店内仍保留着当初CBGB的舞台，墙上镶嵌着喇叭，老式音响设备和古典唱盘都成了装潢。服装调性走冷色系简约风，酷劲十足。

设计师John Varvatos曾效力于CK和Polo Ralph Lauren，1999年开始自创品牌，旗舰店设在SoHo区。由于他自己是康威士（Converse）的忠实爱好者，2001年他与康威士联手设计了专门搭配自己服装的球鞋Converse By John Varvatos，非常有型。

：315 Bowery
：（212）982-4052
：地铁4、6、6X到Bleecker St站
地铁F到2 Av站
地铁B、D、F、M到Broadway-Lafayette St站
：www.johnvarvatos.com

"中国摇滚之父"崔健也曾来Joe's Pub震撼开唱。

《欲望都市》经典景点

3

凯莉和Mr. Big在Joe's Pub约会，爵士乐手Ray频频对她放电

剧情：

凯莉和Mr. Big以"朋友"身份约会，一起听爵士乐手Ray King的演出，想不到Ray频频对凯莉放电，让她心头小鹿乱撞，几乎把Mr. Big晾在一边。

出处：51集（第4季第3集）*Defining Moments*（中文版名：《旧情人新朋友》）

地点介绍：

隶属于纽约公共剧场的Joe's Pub，1998年开业后聚集过不少大明星在此演唱，像"乡村歌后"桃莉·巴顿（Dolly Parton）、"电子音乐教母"罗莉·安德森（Laurie Anderson）、"R&B灵魂乐女王"艾莉西亚·凯斯（Alicia Keys）、"爵士蓝调小天后"诺拉·琼斯（Norah Jones），甚至2002年3月连"中国摇滚之父"崔健都来震撼开唱，东西方大牌云集，凸显Joe's Pub在纽约Live House中的重量级地位。除了有知名歌手驻唱，吸引人的还有它的奢华情调，挑高落地窗、暖色系天鹅绒沙发、专业音效和绚丽灯光，视听感受非常舒适，门票依不同歌手从20到100美元不等。Joe's Pub跟Blue Note同样是纽约最夯的音乐酒吧，但从表演者名单可看出他们的调性不太一样，各有不同享受。

地址：425 Lafayette St.（between 4th St.& Astor Place）
电话：（212）539-8778
交通：地铁4、6、6X到Astor Pl站
地铁N、R到8 St-Nyu站
地铁4、6、6X到Bleecker St站
网址：www.joespub.com

凯莉在阿斯特广场（Astor Place）旁的星巴克（Starbucks）面试助理

剧情：

婚没结成的凯莉重新买回已经卖掉的公寓，但满地是打包好的箱子，她决定要雇用助理来帮忙。在Starbucks面试几个人之后，凯莉最终录用了一名看起来认真负责的女孩刘易斯（Louise），由于她来自密苏里州的圣路易斯（Saint Louis），一句“Louise from St. Louis”让凯莉觉得很有意思。

出处： 电影版第1集

地点介绍：

在全球开设了2万多家分店的星巴克大家都熟，尽管来到纽约想要吃喝点不一样的，但有时走累为了歇腿解渴，不得不说星巴克还是功能性很强大的补给站。

凯莉面试助理的这家店，就位于主要的地铁站出入口阿斯特广场（Astor Place）旁，坐在大片落地窗旁，可以一边喝咖啡一边欣赏广场上的街头艺人表演。广场上有个会转动的好玩地标The Cube，这是艺术家 Tony Rosenthal 在1967年设计的雕塑作品，本来叫Alamo，因外形是黑色四方体，因此后来大家都昵称它The Cube。

: 13-25 Astor Pl.
: （212）982-3563
: 地铁4、6、6X到Astor Pl站
地铁N、R到8 St-Nyu站
: www.starbucks.com

阿斯特广场上这个黑色四方体地标The Cube是可以转动的，很有趣味。

《慾望城市》經典景點

5

Kiehl's是从纽约药局起家的保养品牌。

百年老店古董多，还有咖啡吧。

凯莉最爱的保养品牌科颜氏（Kiehl's）

剧情：

米兰达在床边擦的护手霜、凯莉曾经提着的蓝色小提袋，都是Kiehl's牌。

地点介绍：

科颜氏（Kiehl's）在1851年创立时是一间家庭式药局，由于研发的护肤产品效果传出口碑，渐渐成为纽约客最熟悉的保养品牌，现在更成为全球知名保养品牌。不少女星都是它的拥护者，麦当娜（Madonna）最喜欢他们的收敛水，妮可·基德曼（Nicole Kidman）与格温妮丝·帕特罗（Gwyneth Platrow）都爱用1号护唇膏，黛米·摩尔（Demi Moore）则是润肤乳的爱用者，她认为这款产品对付干燥气候很管用。

Kiehl's旗舰店位在东村的第三大道上，这里也是第一家店，百年前就存在的古典水晶灯和老式药品柜都还保留着，一辆1934年出厂的重型机车是最受注目的古董，好莱坞男星克拉克·盖博（Clark Gable）曾经是这辆车的拥有者，而药房解说道具“Mr. Bones”则是最有趣的古董。旗舰店里还有咖啡吧，逛街逛累了时，还可以来这里坐坐歇歇腿。

- 109 3rd Ave.（between 13th St. & 14th St.）
- （212）677-3171
- 地铁4、5、6、6X 到14 St - Union Sq站
  地铁L到3 Av站
  地铁L到Union Sq - 14 St站
- www.kiehls.com

凯莉与St. Mark's Comics漫画书店店长谈了一场姐弟恋

剧情：

凯莉为了修鞋找鞋匠，想不到鞋店已搬家，变成了漫画书店。凯莉与店长Wade Adams（他因出版过漫画Power Lad，因此被凯莉昵称为强力小子）相谈甚欢，之后还展开了一场姐弟恋，不过后来的“大麻事件”终于让她认清对方。

出处：（第3季第15集）*Hot Child in the City*（中文版名：《城市呛小子》）

地点介绍：

St. Mark's Comics漫画书店里不但有满满的漫画，还有各式公仔，像是《闪电侠》（*The Flash*）、《变形金刚》（*Transformers*）、《地狱男爵》（*Hellboy*）等等，看得眼花缭乱。此外，店里还有各种飞机模型、酷酷T恤、怪怪钥匙圈和很多糖果零食，就算不是漫画书迷或模型爱好者，也会被里面稀奇古怪的小玩意儿吸引。

地址：11 St. Marks Place（between 2nd Ave.& 3rd Ave.）
电话：（212）598-9439
交通：地铁4、6、6X到Astor Pl站
地铁N、R到8 St - Nyu站
地铁L到3 Av站
营业时间：周一周二10am~11pm；周三9am~1am；
周四到周六10am~1am；周日11am~11pm
网址：www.stmarkscomics.com

有不少怪怪小玩意儿的St. Mark's Comics漫画店。

其他必游景点……

1

小东京 Little Tokyo

地点介绍：

东村的圣马克广场（St. Mark's Place）附近又有“小东京”（Little Tokyo）之称，在这个区域里满街都是日文招牌，日本超市、居酒屋、拉面馆、寿司店、烧烤店、日式甜品店……简直就像置身在日本。

地铁4、6、6X到Astor Pl 站
地铁N、R到8 St-Nyu站
地铁L到3 Av站

a.

Taisho 大将

知名的居酒屋“大将”因为生意实在太好，连续开了Yakitori Taisho（地址：5 St. Mark's Place）和Oh! Taisho（地址：9 St. Mark's Place）两家店。他们中午不营业，只有做晚上生意，每到晚餐时间，这两家店门口可用人满为患来形容，但是他们的串烧魅力，就是有办法让人甘愿痴痴地等。

b.

Cha An 茶庵

日式甜品店“茶庵”Cha An（地址：230 E. 9th St. 2nd Floor），绝对是让人回味再三的地方，点一杯绿茶，配上店里的招牌甜品：清酒冰淇淋泡芙、甜栗白玉红豆、抹茶马卡龙，滋味绝妙，由于店内座位不多，热门时段常常需要等待。

c.

Sunrise Mart 日出超市

日本超市Sunrise Mart（地址：29 3rd Ave. between 10th St. & 2nd Ave.）规模虽然不大，但商品齐全且精致，有可爱的餐具、新鲜的食材，铜锣烧和抹茶大福真是“欧伊细”啊！

电影《当哈利碰上莎莉》经典拍摄地Katz's Deli餐厅

Katz's Deli

地点介绍：

电影《当哈利碰上莎莉》（*When Harry Met Sally*）中，莎莉（梅格·瑞恩Meg Ryan饰）在餐厅里假装高潮的演技精湛又搞笑，是经典中的经典。拍摄这一幕的Katz's Deli餐厅，从1989年以来，一直都是影迷追寻的热门景点，店家配合度也很高，干脆在当年拍摄的座位上挂个牌子清楚指示，还幽默地写着："Hope you have what she had！"哈哈，那就一定要来点一份莎莉点的Pastrami三明治（Pastrami是犹太风味的烟熏牛肉），其实早在拍片前，Katz's Deli就以传统犹太香肠和烟熏牛肉三明治闻名，而这个三明治的最大卖点，就是内夹半磅牛肉，十分扎实，或许有点偏咸，但"重口味"就是他们家的特色，从店里满墙的照片可见许多名人都曾来捧场。Katz's Deli的结账方式蛮奇特，一定要拿着门口发的小格子单结账，离开店时还要交还，所以可别弄丢了。

其他必游景点……

地址：205 E. Houston St.

电话：（212）254-2246

交通：地铁F到2 Av站
地铁F到Delancey St站
地铁J、M、Z到Essex St站

时间：周一到周三8am~10:45pm；周四8am~2:45am；周五8am到周日10:45pm（中间连续营业不打烊）

网址：www.cafewha.com

东村&下东城

East Village & Lower East Side

8-1 **造型师派翠西雅菲尔德（Patricia Field）服装店**
306 Bowery(between Houston St.& Bleecker St.)

8-2 **CBGB俱乐部 & John Varvatos服饰店**
315 Bowery

8-3 **音乐酒吧Joe's Pub**
425 Lafayette St.(between 4th St.& Astor Place)

8-4 **星巴克咖啡** / Starbucks Coffee
13-25 Astor Pl.

8-5 **契尔氏** / Kiehl's
109 3rd Ave. (between 13th St. & 14th St.)

8-6 St. Mark's Comics**漫画店**
11 St. Marks Place (between 2nd Ave.& 3rd Ave.)

8-Q1 **小东京** / Little Tokyo
St. Mark's Place New York, NY

8-Q2 **大将**Katz's Deli / 居酒屋
205 E. Houston St.

https://maps.google.com/maps/ms?msid=204321338147695703909.0004cbcd29ea24c52726a&msa=0

SoHo & Little Italy

09 苏活区 & 小意大利

SoHo是South of Houston的缩写，指的是位于纽约Houston St.以南的区域。这里最早是工业区，二次大战后因房租低廉，吸引了大批艺术家到此创业和居住，工厂仓库摇身一变为画廊摄影棚，渐渐形成一个艺文特区。不过随着人气大增、商业发展蓬勃，房租开始水涨船高，导致艺术家们纷纷搬迁，许多艺廊都变成了服装店和餐厅。

如今苏活区（SoHo）已成为一个购物天堂，有全球知名品牌也有个性小店，就像《欲望都市》景点中前卫的Prada旗舰店和奇幻的Alexis Bittar饰品店。在这逛街最大的乐趣是，处处都潜藏着让人眼睛一亮的店家。虽然艺廊比以前少了，但街边常会摆放着各有风格的艺术作品，等着游客赏识收藏，感谢这些尚未成名的艺术家，让苏活区还是弥漫着天马行空的艺术之气。

位于苏活区东南边的小意大利区（Little Italy），早期是意大利移民群居之地，电影《教父》（*The Godfather*）中许多街景都是在此拍摄。这里随着年轻一辈渐渐移出，现在只有Mulberry St.（摩比利街）意大利餐厅及商店最密集，由于旁边中国城渐渐扩张过来，这里的意大利文招牌中不时混着中文招牌。

小意大利区北边有一区特别被称为NoLita（North of Little Italy的缩写），指的是Houston St.和Spring St.之间的Mulberry St.、Mott St.、Elizabeth St.等区域。从1998年开始，这里陆续开设不少新颖的店家，过去陈旧的街道开始焕然一新，逐渐演变成另一个SoHo，甚至在愈来愈多大牌进驻SoHo之后，以个性化小店为主的NoLita还更像我们印象中的SoHo。

N.Y 1 《欲望都市》经典景点

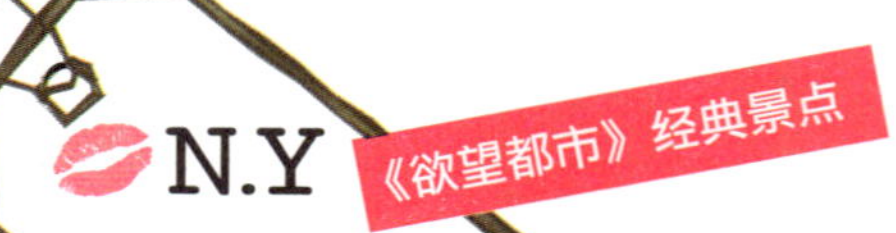

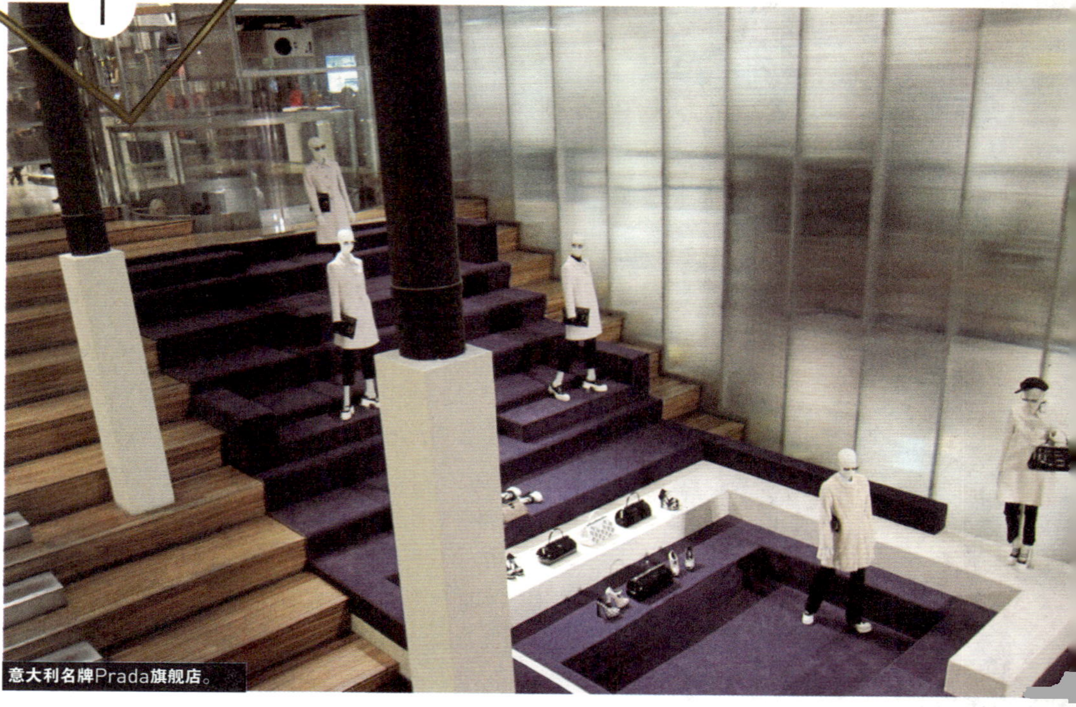

意大利名牌Prada旗舰店。

凯莉想让男友Berger接受名牌的洗礼，带他去逛普拉达（Prada）

剧情：

凯莉带男友Berger去逛Prada，希望让他开始接受名牌的洗礼，不过显然作风平实的Berger和热爱名牌的凯莉在物质需求上不是一类人，虽然店里提供顾客喝香槟等高规格服务令他惊喜，但是价格却让他受到惊吓。 凯莉见Berger坚持不买于是自掏腰包买衣送男友，虽然体贴，但从中也看出两人价值观差距太大，埋下日后争执的伏笔。

出处：（第6季第5集）*Lights, Camera, Relationship*（中文版名：《新男性主义》）

地点介绍：

来到SoHo区，普拉达（Prada）旗舰店是一定要进去开开眼界的，看衣服鞋子是其次，最重要是看荷兰大师级设计师Rem Koolhaas如何在寸土寸金的纽约“挥霍空间”，哈！这里的极度挑高、超大斜坡展示空间、透明走道、超大屏幕……简直就像置身前卫美术馆或新潮夜店。

写着“PRADA、MILANO、1913”字样的倒三角形的铁皮标志，低调魅力无法挡。1913年，意大利米兰Mario Prada兄弟观察到欧美交通往来愈来愈频繁，便开始设计生产旅行箱和相关配件，虽然强调好质感，但尚未打出风格。直到1978年，Mario的孙女Miuccia Prada接掌家族事业后，她以简单、轻巧、率性、百搭的独特设计在时尚界脱颖而出。其中以空军降落伞所使用的防水尼龙材质，创新制作成深具时尚感的背包，最为经典。而在Prada确立特色、站稳市场后，才华横溢的Miuccia于1992年再推出以自己小名命名的副牌Miu Miu，充分挥洒她充满女性魅力的作品。

575 Broadway（between Houston St. & Prince St.）
（212）334-8888
地铁4、6、6X到Spring St站
地铁N、R到Prince St站
地铁B、D、F、M到Broadway - Lafayette St站
www.prada.com

剧中姊妹们常常进出采买的Dean & Deluca超市

地点介绍：

Dean & Deluca高档超市多次出现在《欲望都市》剧中，如果在苏活区逛街逛累了，别忘了这里有不错的咖啡、熟食、简餐和甜点，歇腿享受加景点探访一举两得。1977年，Joel Dean和Giorgio Deluca在欧洲旅行时，发觉有很多不错的欧洲食材，美国都没有进口，因而兴起了开店的念头。至今这家店里，有上万种欧洲进口商品，这是它最有别于其他高档超市的地方。

560 Broadway（between Spring St. & Prince St.）
（212）226-6800
地铁4、6、6X到Spring St站
地铁N、R到Prince St站
地铁B、D、F、M到Broadway - Lafayette St站
www.deandeluca.com

《欲望都市》经典景点
2

Dean & Deluca超市有不错的咖啡和简餐。

艺术品经理人夏绿蒂的工作之地——路易斯米塞尔画廊（Louis K.Meisel Gallery）

剧情：

身为艺术品经理人的夏绿蒂，自然有恋情在她工作的画廊里上演，其中一位男友是艺人Wiley Ford，他因为以为店里真的防火器也是艺术品之一，和夏绿蒂展开有趣的对话进而交往。

出处：（第2季第10集）*The caste system*（中文版名：《阶级制度》）等多集

地点介绍：

刘易斯米塞尔画廊（Louis K.Meisel Gallery）的主人Louis K. Meisel是“照相写实主义”（Photo-Realism）的缔造者，他拥有大量著作，并引领一群杰出的照相写实主义艺术家，在全球各地博物馆和画廊展出作品，在艺术领域享有盛名。

画廊主人Louis K.Meisel在艺术领域享有盛名。

- 📫：141 Prince St.（between Wooster St. & Broadway）
- ☎：（212）677-1340
- 🚇：地铁A、C、E到Spring St站
  地铁N、R到Prince St站
  地铁B、D、F、M到Broadway - Lafayette St站
- 🕘：周二到周六10am~6pm
- 🖱：www.meiselgallery.com

《欲望都市》经典景点

4

Raoul's兄弟档烹调法式牛排功夫了得。

米兰达在Raoul's餐厅里，向凯莉坦承曾对Mr. Big说"你们疯了才要结婚"

剧情：

情人节之夜，单身的凯莉和与丈夫分居的米兰达相伴吃大餐，米兰达向凯莉坦承，婚礼前夜曾对Big说出："You two are crazy to get married. Marriage ruins everything."（你们疯了才结婚，婚姻会毁了一切。）凯莉大吃一惊，愤而离去。

出处：电影版第1集

地点介绍：

Raoul's餐厅的老板兼主厨是从法国来纽约闯荡的一对兄弟档，他们想开餐厅但资金不足，勉强买下了这家餐馆之后经济便陷入窘迫，连桌椅都不齐备，创业非常艰苦，但是兄弟俩靠着烹调鱼类和牛排的精湛厨艺以及低价策略，渐渐打出好口碑，客人回流率非常高，不久生意就火起来了。

现在店里主菜价格从21到49美元不等，已非平价，但客人仍旧很捧场，法式黑胡椒牛排（Steak au Poivre）以皮脆肉嫩闻名，滋味难忘。这里拥有两间专供团体聚会的包厢，由于预订热烈，甚至还需要提前支付押金。

地址: 180 Prince St.（between Sullivan St.& Thompson St.）

电话: （212）966-3518

交通: 地铁1、2到Houstor St站
地铁A、C、E到Spring St站
地铁N、R到Prince St站

时间: 周日到周四5pm~12midnight；
周五周六5pm~1am

网址: www.raouls.com

N.Y

莎曼珊老板Richard Wright举办黑白晚会的SoHo Grand Hotel

剧情:

欲望四姊妹盛装齐聚在SoHo Grand Hotel举办的“Black and White Ball”慈善募款晚会，由莎曼珊的老板Richard Wright主办。当莎曼珊发现Richard在到处拈花惹草时，气愤地跟姊妹们说：“我竟然第一次在乎这种事，我想我有一夫一妻的观念一定是被你们传染的。”她当场就和Richard大吵一架，为了报复，之后还负气找上一位记者朋友J.J.试图发生关系。

出处:（第4季第15集）*Change of a Dress*（中文版名：《承诺恐惧》）

地点介绍:

SoHo Grand Hotel虽然不是大饭店，但以精致化和高品位闻名，也因此常有好莱坞大明星出入。它的装潢强调“地道SoHo味”，大厅可见红砖墙、红沙发与钢梁、钢梯的个性结合。房间内的浴袍及毛巾都是意大利名牌Frette；洗发精和润丝精是剧中常出现的保养品牌Kiehl's；沐浴乳是Bliss Spa的，这间Spa就位于SoHo Grand Hotel附近（地址：568 Broadway 2nd Floor），也是剧中姊妹们最爱去的一家。

- 310 West Broadway（between Canal St.& Grand St.）
- （212）965-3588
- 地铁1、2到Canal St站
地铁A、C、E到Canal St站
地铁N、R到Canal St站
- www.sohogrand.com

SoHo Grand Hotel的钢梯很有艺术感。

店内灯饰都现代感十足。

凯莉与夏绿蒂在Luceplan一起选购她的新书桌

《欲望都市》经典景点

6

剧情：

正在重新整顿新家的凯莉，与夏绿蒂一起来选购她的新书桌。

出处： 电影版第1集

地点介绍：

剧中凯莉和夏绿蒂一起选购书桌的家具店，叫Luceplan，但事实上它只卖灯饰，而且都是造型独特、现代感十足的灯饰，值得当艺术品参观。其中最有名的Hope灯，是利用新科技的材质和技术，打造出拥有钻石般华丽效果的“新时代水晶灯”。

Luceplan最有名的Hope灯拥有钻石般华丽效果。

地址：49 Greene St.（near Broome St.）
电话：（212）966-1399
交通：地铁4、6、6X到Spring St站
地铁N、R到Canal St站
地铁N、R到Prince St站

《欲望都市》配件造型师Alexis Bittar的店

品牌介绍:

《欲望都市》的造型师Patricia Field非常欣赏饰品设计师Alexis Bittar的创意，两人从2002年开始合作，剧中人身上的亮丽配件，尤其是电影版第2集中造型比较夸张的饰品，多是Alexis Bittar的作品。有“纽约珠宝鬼才”之称的Alexis Bittar，1968年出生于布鲁克林，他擅长以透明合成树脂、半宝石与金属制作首饰，运用各种拼贴手法，展现古灵精怪的想象力。他的大咖客户很多，包括不想拘泥于传统官夫人造型的美国第一夫人米歇尔·奥巴马（Michelle Obama），还有最爱搞怪的Lady Gaga。Alexis Bittar自2004年在SoHo开设了第一家店之后，目前全美有6间店面，装潢充满创意，动物坐镇在珠宝世界的奇幻风格，令人眼前一亮。

- 465 Broome St.（between Greene St. & Mercer St.）
- （212）625-8340
- 地铁4、6、6X到Spring St站
  地铁N、R到Canal St站
  地铁N、R到Prince St站
- 周一到周六 11 am~7 pm；
  周日 12noon~6 pm
- www.alexisbittar.com

Mr. Big送凯莉的Korloff黑钻戒指

说到珠宝配饰，一起来了解一下电影版第2集里凯莉那颗莫名其妙得来的大黑钻，对了！先解释为何“莫名其妙”。凯莉和姊妹们旅游期间巧遇前男友Aidan，两人因回忆过往而忘情相吻，惊觉犯错的她事后立刻向老公认错，但并未获得原谅。凯莉回国后两人面对面沟通，Mr. Big突然掏出大钻戒送给她，目的是要她谨记自己已是“人妻”，不能再一时意乱情迷了。

（咳咳，做错事反而得到大礼，莫名其妙吧，这是电影才会出现的情节，所有人妻请勿模仿。）

理性再回到这个戒指上，它，可不是一般传统钻戒，Mr. Big为了向凯莉表达“You are not like anyone else.”（你是独一无二的），特别选择了“黑钻”，令人印象深刻。

剧中这个大黑钻戒指是来自有“黑钻传奇”之称的法国名牌可洛芙（Korloff）。

地址：www.korloff.fr/english/home.html

Alexis Bittar的饰品展现他古灵精怪的想象力。

Cosmopolitan是店里最夯的调酒。

Onieal's 酒吧招牌下有一支巨型开酒器。

174 Grand St.（between Baxter St.& Centre Market Pl.）

（212）941-9119

地铁4、6、6X到Spring St站
地铁4、6、6X到Canal St站
地铁J、N、Q、Z到Canal St站

周日到周四11:30am~2am；
周五周六11:30am~4am

www.onieals.com/soho

米兰达前男友Steve和凯莉前男友Aidan合开的酒吧Scout，实际店名叫Onieal's

剧情：

当米兰达得知前男友Steve开了一间酒吧时，跟姊妹淘们说了她的感想，很酸又很有意思，她说："让我火大的是，鼓励他开店的人是我，但我得到了什么功劳？我想没有。真是气死人了，为何他跟我在一起时没这么有志气？"凯莉安慰她说："是你激励了他，也许他会将酒吧命名为Miranda或是Hobbes。""没有，他取名为Scout，是他狗的名字，我才不去呢！"

出处：（第4季第5集）*Ghost Town*（中文版名：《婆媳之争》）

地点介绍：

Steve和Aidan合开的酒吧Scout，实际店名叫Onieal's，实际地址位于Grand St.，但剧中故意将地址设在此区最知名的Mulberry St.（桑葚街），因此凯莉也很幽默地带着一个桑葚盆栽去道贺。

因为《欲望都市》名气响亮的Onieal's ，入夜后人潮不断。仔细看店家招牌和门把都很有意思，附有巨型开酒器的设计，巧妙点出酒吧的特质。店内座位舒适，吧台很有情调，剧中姊妹们最爱的"Cosmopolitan"大都会调酒（又称柯梦波丹）是店里最夯的调酒，以伏特加、莱姆、小红莓果汁等调配而成，火红的颜色十分炫目，一杯9美元。

其他必游景点……

1

小意大利 Little Italy

地点介绍：

由于意大利移民渐渐迁出，现在的小意大利区只有Mulberry St.（桑葚街，中文路标叫做摩比利街）最有意大利风情，这里餐厅密集，想吃地道意大利菜来这就对了，夏天露天咖啡座尤其有情调。

Little Italy一年中最热闹的时候是9月中旬，因为有为期11天的 San Gennaro迎神活动，这是意大利南部那不勒斯的传统宗教节日，活动期间有神像游行、明星表演、歌剧演唱，上百家餐馆和摊贩都会参加。San Gennaro的热闹景象也曾出现在《教父第二集》（*The Godfather Part II*）剧情里，年轻时的“老教父”在这场庆典期间与地方黑手党交手。

费拉拉的西西里传统甜点Cannoli
Ferrara Bakery & Café

电影《教父》中，不时听到一种意大利西西里传统甜点的大名：Cannoli，还有一句跟它有关的冷血台词"Leave the Gun. Take the Cannoli"，意思是把杀了人的凶枪扔了，但一旁的甜点Cannoli别忘了拿，精准表现出黑道的杀人不眨眼，令人印象深刻。Cannoli最早是西西里岛上迎春嘉年华会中的节庆美食，后来成为最受欢迎的家常美食，据说西西里女人出嫁前，都要学会做Cannoli呢。

小意大利区里知名的费拉拉甜点咖啡馆（Ferrara Bakery & Café），就是主打Cannoli，它有原味和巧克力两种口味，外壳酥酥脆脆，使用新鲜瑞可塔起司（Ricotta Cheese）制作的内馅则是非常绵密，再配上一口他们特殊玻璃瓶装的香浓咖啡，简直是梦幻组合。这家店门口也常挤满买意大利冰淇淋Gelato的人潮。

地址: 195 Grand St.between Mulberry St. & Mott St.
电话: （212）226-6150
交通: 地铁4、6、6X 到Canal St站
地铁J、N、Q、Z 到Canal St 站
地铁B、D到 Grand St站
时间: 周日到周五8am~12midnight；
周六8am~1am
网址: www.ferraracafe.com

《教父》经典场景老圣派翠克大教堂
St.Patrick's Old Cathedral

b.

在小意大利北边NoLita区（North of Little Italy的缩写），有一个著名的《教父》第1集景点老圣派翠克大教堂（St.Patrick's Old Cathedral），麦克·柯里昂（Michael Corleone）就是在这间教堂内成为妹妹长子的Gadfather，导演以蒙太奇手法，在庄严神圣的受洗仪式中，穿插着他安排屠杀黑道首脑们的血腥暴力画面，极其讽刺又极其震撼，堪称经典中的经典。而这间老圣派翠克大教堂，就是第五大道上圣派翠克大教堂（St. Patrick's Cathedral）的前身。

：263 Mulberry St.between Prince St.& Jersey St.
：（212）226-8075
：地铁B、D、F、M到Broadway - Lafayette St站
地铁N、R到Prince St站
地铁4、6、6X到Spring St站
：www.oldcathedral.org

苏活区&小意大利
Soho & Little Italy

9-1　**普拉达Prada** / 旗舰店
575 Broadway (between Houston St. & Prince St.)

9-2　**Dean & Deluca超市**
560 Broadway (between Spring St. & Prince St.)

9-3　**路易斯米塞画廊** / Louis K.Meisel
141 Prince St.(between Wooster St. & Broadway)

9-4　**法式餐厅Raoul's Restauran**
180 Prince St.(between Sullivan St.& Thompson St.)

9-5　**苏活大酒店** / SOHO Grand Hotel
310 West Broadway (between Canal St.& Grand St.)

9-6　**Luceplan灯饰店**
49 Greene St. (near Broome St.)

9-7　**Alexis Bittar珠宝**
465 Broome St. (between Greene St. & Mercer St.)

9-8　**Onieal's Restaurant** / 酒吧餐厅
174 Grand St.(between Baxter St.& Centre Market Pl.)

9-Q1　**摩比利街** / Mulberry St.& **Ferrara** / 甜点咖啡馆
195 Grand St. between Mulberry St. & Mott St.

https://maps.google.com/maps/ms?msid=204321338147695703909.0004cbcd8de8318a96471&msa=0&ll=40.722673,-74.000602&spn=0.013855,0.027874

Financial District & Chinatown

10 金融区＆中国城

金融区（Financial District）是曼哈顿下城的核心，华尔街是它最具代表性的地点，这条窄窄的街里面可说是卧虎藏龙，有左右全球金融市场的纽约证券交易所（剧中凯莉曾来主持开盘仪式）、美国首任总统华盛顿宣誓就职的联邦国家纪念堂、还有全世界最大的金库联邦储备银行。旁边有全美最古老的圣三一教堂，还有一只象征大吉大利大发财的大铜牛，已被游客摸到发亮。

金融区附近有很多鼎鼎大名的观光景点，无论如何一定要亲自踏上布鲁克林大桥、搭乘免费的史坦顿渡轮、走访九一一纪念馆和博物馆看世贸双子星如何重生，当然还要去拜访自由女神。此外，这一区有个著名的名牌折扣百货Century21，不但让凯莉在此忙着寻宝，在2013年1月上档的《欲望都市》前传影集*The Carrie Diaries*（《凯莉日记》）中，第1集就安排高中时期的凯莉来此见识名牌魅力。

与金融区相邻的中国城，在1890年，只有Canal St.和Mott St.一带有些广东移民，后来福建移民又在附近的Bayard St.上落脚，百多年来华裔移民不断增多，范围也不断扩大，不过九一一之后开始出现迁徙潮，加上皇后区法拉盛的租金和消费都比这便宜，曼哈顿中国城“纽约第一华埠”的头衔现在已让位给法拉盛。

来中国城最美妙的事就是吃，这里的上海菜餐厅特别多又特别好，沪菜最大的卖点就是蟹粉小笼包，公认最好吃的一家就是“鹿鸣春”，另外“上海老饭店”的生煎包等上海点心也很有名。港式“大班饼店”的蛋挞、台式“天仁茗茶”的珍奶，让华埠之行吃喝更满足。

N.Y 1 《欲望都市》经典景点

"占领华尔街"抗议活动时的纽约证券交易所。

凯莉受邀去纽约证券交易所（New York Stock Exchange）主持开盘仪式

剧情：

凯莉所属的报社《纽约星报》（*New York Star*）即将挂牌上市，身为公司人气专栏作家，她受邀去纽约证券交易所主持开盘仪式，不过凯莉表示她本人对买股票没有兴趣，她说："我比较喜欢看到我的钱挂在我的衣橱里。"

出处：（第6季第1集）*To Market，To Market*（中文版名：《前进市场》）

地点介绍：

坐落于华尔街上的纽约证券交易所（New York Stock Exchange，简称NYSE），全球市值15万亿美元，有着左右全球金融市场的地位。通过新闻和电影画面，交易员猛比手势的繁忙交易情形，令人印象深刻，不过2007年以后，这种以夸张手势加喊价的传统交易方式，逐步被电子交易取代，上千名交易员齐聚的人声鼎沸画面也走入历史了。NYSE在九一一之后，内部不再开放游客个人参观，企业、团体参观需先申请。

华尔街必访之处，还有位于26 Wall St.的联邦大厅国家纪念馆（Federal Hall National Memorial），这里是1789年华盛顿宣誓就任为首任美国总统的地方，现在大门口矗立的就是他的铜像。而位于33 Liberty St.的联邦储备银行（Federal

圣三一教堂 Trinity Church。

联邦大厅国家纪念馆门口矗立的首任美国总统华盛顿铜像。

Reserve Bank）有全世界最大的金库，藏量超过万吨，如此诱人的景象，好莱坞电影怎可放过？《虎胆龙威3》（*Die Hard: With a Vengeance*）中，就有从地铁站挖隧道进联邦储备银行金库偷走黄金的情节。

Wall St.与Broad St.的交叉口，有全美最古老的圣三一教堂（Trinity Church ），原建于1696年，但现在大家看到的是火焚后重建于1846年的哥特式建筑，它280英尺高的华丽古典尖顶，在1860年以前是纽约市的最高点。多位杰出人士如蒸汽机发明人罗伯特·富尔顿（Robert Fulton）和政治家亚历山大·汉密尔顿（Alexander Hamilton），都埋在这里的墓园。还记得电影《国家宝藏》（*Natioanl Treasure*）中，尼古拉斯·凯奇（Nicolas Cage）最后发现宝藏在哪吗？就在这墓园底下啊。

被视为华尔街地标的大铜牛（Charging Bull）并不在华尔街里，还需要走一小段路，地址在Broadway St.& Whitehall St.。由于股市涨为“牛市”，跌为“熊市”，因此这只6300磅的铜牛，打从1989年完成后就被视为发财的象征，任谁都想摸一下沾沾财气，现在牛角和牛屁屁都被摸到变色发亮了。

华尔街地标的大铜牛 Charging Bull。

地址：11 Wall St.（between Broad St.& Nassau St.）
电话：（212）363-7147
交通：地铁J、Z到Broad St站
地铁4、5到Wall St站
地铁2、3到Wall St站
网址：www.nyse.com

Century 21百货从早上7：45就开始营业。

《欲望都市》经典景点

2

凯莉趁陪审团午休时间，奔向Century 21百货慰劳自己

剧情：

凯莉不耐烦担任陪审团成员，趁着中午休息时间，赶紧奔向Century 21百货慰劳自己。寻宝到一半，Mr. Big来电问候，她除了报告发现战利品Anna Molinari洋装和Dolce & Gabbana和式睡袍，也泄露了她和Berger暂时分开的消息。

出处：（第6季第6集）*Hop, Skip and a Week*（中文版名：《停看听》）

地点介绍：

Century 21百货是以名牌折扣为最大卖点，也是纽约行不可遗漏的血拼圣地。位于下城这间永远人潮汹涌的旗舰店，为了顺应赶时间的广大观光客需求，星期一到星期五竟然从早上7：45就开张。

1楼是女性包包、化妆品，像LeSportsac等包包不时会打到半价，值得期待。1楼和2楼中间有一个夹层是名牌男装如Marc Jacob、Armani等。2楼有CK、DKNY的内衣、睡衣，以及帽子、围巾、丝袜等。3楼有Moschino、BCBG等品牌女装。地下1楼是居家用品和纽约纪念品，对观光客颇具吸引力。

鞋子部门在百货公司的后半部，1楼是男鞋，地下室有名牌女鞋。Century21在曼哈顿除了下城的旗舰店，还有上西城店，地址1972 Broadway（between 66th St. & 67th St.）。而纽约州的Long Island、Brooklyn、Queens和新泽西州的Morristown和Paramus也有分店，总计7家。

地址：22 Cortlandt St.（between Broadway & Church St.）
电话：（212）227-9092
交通：地铁N、R到Cortlandt St站
地铁4、5到Fulton St站
地铁1到Cortlandt St站
网址：www.c21stores.com

米兰达坚持与不忠的老公分居，从布鲁克林搬到曼哈顿中国城（Chinatown）附近公寓

剧情：

Steve坦承和别的女人上床，气得米兰达坚持搬出去住，做事理性又不拖泥带水的她，立刻在曼哈顿租金较便宜的中国城附近租房。也因为米兰达住在中国城（Chinatown），Steve住在布鲁克林（Brooklyn），后来他们将复合地点设在两地中间点——布鲁克林大桥（Brooklyn Bridge）。

出处： 电影版第1集

148 Henry St.& Rutgers St.（米兰达公寓lan）

地铁F到East Broadway站（离米兰达的公寓最近）
地铁J、N、Q、Z 到Canal St站
地铁4、6、6X到Canal St站
地铁B、D到Grand Street站

古色古香的麦当劳外观。

中国风的红色信息亭值得善加利用。

地点介绍：

约1890年成形的曼哈顿中国城（Chinatown），到了1980年时已很有规模，北到坚尼街（Canal St.）与小意大利交接、东到包厘街（Bowery）与下东城相连、南和西分别到窝扶街（Worth St.）和巴士打街（Baxter St.），之后又再继续扩大，包括米兰达分居后所住的Henry St.，也是中国城的势力范围。

坚尼街因为有多线地铁停靠，是这里最热闹的一条街，在地铁站出口，一个顶端有金龙的红色信息亭（Chinatown Kiosk），提供地图、信息指南、商家介绍和折价券等等，还有能说普通话、粤语、英语的工作人员可以提供协助，游客可多加利用。

在华埠游走，最有趣的就是看到街名都变成了中文，因为早期移民多为广东人和香港人，因此这些街名都是以广东话发音，像Mott St.译成“勿街”，很有意思。另外像麦当劳和星巴克这样的美式餐厅和咖啡馆，到了唐人街似乎也要入境随俗穿上唐装，店面外观古色古香得像个庙一样，景象难得一见。

曼哈顿中国城 / 吃吃喝喝

Chinatown

Joe's Shanghai 鹿鸣春

鹿鸣春的“小笼汤包”和“蟹粉小笼包”，可说打遍全纽约中餐馆无敌手，虽然常要排队，但等待绝对值得。公认美味的小笼汤包，皮薄而不易破，一口咬下，皮韧、肉香、汤鲜，绝对的好食材加真功夫。只是客人蜂拥而进、多到并桌，没什么用餐气氛可言。

www.joeshanghairestaurants.com

曼哈顿中国城店： 9 Pell St.（between Doyers St. & Bowery）

曼哈顿中城店： 24 W. 56 St.（between 5th Ave.& 6th Ave.）

皇后区法拉盛店： 136-21 37th Ave., Flushing

Shanghai Cuisine Bar & Restaurant 上海老饭店

一走进上海老饭店，就听到周璇的金嗓子，装潢也走怀旧风，浓浓的上海味先讨人欢心。虽然鹿鸣春的小笼汤包稳坐第一，但这的小笼汤包在纽约中国城也名列前茅。其他上海点心像生煎包、糍饭团、鲜肉小馄饨等都很出色，调酒种类也多，美味与气氛兼具。www.yelp.com/menu/shanghai-cuisine-new-york

地址： 89 Bayard St. （between Mott St. & Mulberry St.）

Xi'an Famous Foods 西安名吃

在Chinatown暴多的沪菜和粤菜餐馆夹杀下，“西安名吃”以它的独特性受到瞩目，凉皮、泡馍、肉夹馍、扯面、麻辣孜然羊肉汤、辣豆花……哇！这些地道西安小吃，别说老美没吃过，连我们都很陌生，带着强烈好奇心点了几样招牌菜，特殊滋味真是令人回味无穷啊。www.xianfoods.com

曼哈顿中国城店： 67 Bayard St.（between Elizabeth St. & Mott St.）

皇后区法拉盛店： 41-28 Main St. Bsmt #36,Flushing

东村店： 81 St. Mark's Place

Taipan Bakery 大班饼店

港式口味的波萝包、叉烧酥、葡式蛋挞是大班饼店的招牌，我们也是冲着蛋挞那酥脆的挞皮而来。这里的水果蛋糕造型可爱、色彩艳丽。台式面包的种类也非常多，令人目不暇接。www.taipanbakeryonline.com

曼哈顿中国城店： 194 Canal St.（between Walker St. & Mulberry St.）

皇后区法拉盛分店： 37-25 Main St.,Flushing

皇后区法拉盛分店： 42-05B Main St.,Flushing

Ten Ren's Tea Time 天仁茗茶

想要一边逛街一边喝着有嚼劲的珍珠奶茶，还是饭后来杯解油腻的乌龙茶或梅茶，老字号的天仁茗茶都是质量保证。还有冰、热、温以及半糖、少糖的选择，一般美国饮料店可没有这么多弹性选择。www.tenrenusa.com

曼哈顿中国城店： 79 Mott St.（between Bayard St. & Canal St.）

皇后区法拉盛店： 135-18 Roosevelt Ave.,Flushing

布鲁克林第8大道店： 5817 8th Ave.,Brooklyn

悬索桥梁的钢线，交织出布鲁克林大桥的独特美感。

米兰达和老公Steve在布鲁克林大桥（Brooklyn Bridge）相拥大复合

剧情：

Steve婚后意外出轨，米兰达认为无法原谅，立刻分居。几经曲折之后，她态度稍微软化愿意接受婚姻咨询，并听从专家建议：如果两人在约定时间同时到达布鲁克林大桥，便表示同意复合。当他们在桥上搜寻到对方身影时，百感交集，立刻紧紧拥抱在一起。

出处：电影版第1集

地点介绍：

布鲁克林大桥横跨东河（East River），一头在曼哈顿，一头在布鲁克林，在它1883年完成前，两地之间只能靠渡轮往来，交流不便，如今每天车流量超过10万。布鲁克林大桥总长1825公尺，造桥过程非常艰巨，负责设计建造的工程师Roebling父子一死一伤，留

桥上充满古典气息的哥特式拱门。

走一趟布鲁克林大桥大约30分钟。

下感伤的历史，它完工时是世界上最长的吊桥，也是第一座以钢材建造的桥梁。

悬索桥梁的钢线不但坚固，也交织出布鲁克林大桥的独特美感，亲自上桥散步，更能仔细欣赏两座古典哥特式拱门与现代网状钢线的完美结合。除了桥本身各种角度皆令人赞叹，在桥上看河景和曼哈顿“天际线”之美，也是一大享受（顺便一提，东河上另一座灰蓝色的桥是Manhattan Bridge）。走一趟布鲁克林大桥大约30分钟。

建造伟大、景色绝美的布鲁克林大桥，也因为太多剧情在此上演，更显多彩多姿。约翰·特拉沃尔塔（John Travolta）在成名作《周末夜狂热》（*Saturday Night Fever*）里，以在桥上做危险动作为乐；《穿越时空爱上你》（*Kate & Leopold*）里面，古代的莱伯特公爵（休·杰克曼Hugh Jackman饰）就是从布鲁克林大桥跳下后穿越时空，爱上现代的凯特（梅格·瑞恩Meg Ryan饰）；而在米兰达和Steve上演大复合之后，又为这座桥增添了温馨感人的气氛。

网状钢线下的曼哈顿“天际线”。

🚇：（曼哈顿最近地铁站）
地铁4、5、6 到Brooklyn Bridge-City Hall站
地铁J、Z到Chambers St-Brooklyn Bridge站
（布鲁克林最近地铁站）
地铁A、C到High Street站
地铁2、3到Clark St 站
地铁F到York St 站
🖱：www.brooklynbridgepark.org

夏绿蒂就是站在甲板这里大喊想结婚。

喝醉的夏绿蒂在史坦顿岛渡轮（Staten Island Ferry）上大喊想结婚

剧情：

欲望四姊妹为了参加纽约消防局月历猛男选拔大赛，特地搭渡轮前往史坦顿岛，大家疯了一整晚，连平时端庄的夏绿蒂都醉到狂舞，还在回程渡轮上大喊："我今年一定会结婚！"想嫁人想疯了的模样，让姊妹淘既担心又好笑。

出处： 31集（第3季第1集）*Where There's Smoke*（中文版名：《热情如火》）

地点介绍：

从曼哈顿最南端的白厅渡轮码头（Whitehall Ferry Terminal），到史坦顿岛的圣乔治渡轮码头（St. George Ferry Terminal），单趟行程约25分钟。由于史坦顿岛渡轮（Staten Island Ferry）是免费搭乘的，不用船票，当我们看到等候坐船的人很多时，还怕会挤不上去，不过别担心，这艘大橘船真的很大，高峰时间班次又多，所有候船的人都上得了。一路上可以欣赏着自由女神、艾利斯岛、布鲁克林大桥和曼哈顿港口美景。黄昏时乘坐也不错，去程可观看日落景致，回程可一览曼哈顿下城夜景。

- 地址：（曼哈顿）Whitehall & Water St.
  （史坦顿岛）1 Bay St.,Staten Island
- 电话：（718）815-BOAT（2627）
- 交通：（曼哈顿）
  地铁1到South Ferry站（最方便，车站楼上就是渡轮口）
  地铁4、5到Bowling Green站
  地铁J、Z到 Broad Street站
  地铁R到Whitehall St站
  （史坦顿岛）
  Staten Island Railway到St. George
- 费用：免费
- 时间：每天24小时，高峰15分钟一班，平时1小时一班，详细时间表请见网站。
- 网址：www.siferry.com

其他必游景点……

1

感念父母移民苦，炮台公园雕像意义深
Battery Park

炮台公园是购买渡轮船票的地方。

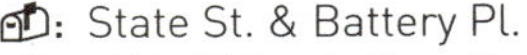

: State St. & Battery Pl.
: 地铁1到South Ferry站
地铁4、5到Bowling Green站
地铁N、R 到Whitehall St 站
: www.thebattery.org

地点介绍：

炮台公园（Battery Park）是因园内有古老炮台而闻名，炮台是英国殖民时代的遗物，还曾经在独立战争中对抗过英军，公园内的克林顿城堡国家纪念馆（Castle Clinton National Monument）是购买自由女神渡轮船票的地方。

这座公园最大的特色就是纪念碑和雕塑林立，包括生动的“The Immigrants”移民者雕像，捐献的企业家是为了纪念他辛苦移民来美的双亲。而名为“The Sphere”的球体雕塑，原本位于世贸大楼前喷水池内，历经九一一虽有破损却依旧挺立，纽约市政府为这幸存的大金球选了新家Battery Park，继续向世人展示着它顽强的生命力。

园内生动的移民者雕像。

右手高举火炬、左手捧着独立宣言的自由女神。

自由女神内部可免费参观。

艾利斯岛的移民博物馆。

2 其他必游景点……

法国贺美国独立百年的超级大礼——自由女神

Statue of Liberty

地点介绍：

为庆祝美国独立100周年，法国将自由女神（Statue of Liberty）赠送给美国，她的右手高举着象征自由的火炬，左手捧着独立宣言，脚下被打破的脚镣表示挣脱束缚。这个经典地标每年吸引350万来自世界各地的游客前往，参观自由女神必须搭船，船票最好先上网预订，虽然也可以到炮台公园现场购票，但是通常队伍太长，如果不是一大清早抵达有可能排不上。

自由女神内部是免费参观的，但有人数限制，必须提早上网登记（愈早愈好）。九一一后，基于安全考虑曾关闭3年，到2004年才开放底座参观，2009年又开放皇冠参观。不过2011年曾内部进行大整修，直到2012年10月才重新开放，现在底座每天开放800个名额，皇冠增加到每天315个名额。参观自由女神的渡轮也会停靠艾利斯岛，这里是当初外来移民报到的首站，疾病防疫、背景调查、体格检验、外币兑换等都在这里完成，若没通过检查会被遣返，被迫分离的场面不时上演，因此又称为“眼泪之岛”。岛上1892年成立的移民管理局在1954年关闭，现成为移民博物馆开放参观。

自由女神常出现在灾难电影里，如《独立日》（*Independence Day*）里被外星人破坏；《天地大冲撞》（*Deep Impact*）中被洪水冲倒；《后天》（*The Day after Tomorrow*）里被冰雪覆盖，如此多灾多难，难怪有网友要为自由女神求情：“放开那个女孩！”

交通：先到炮台公园的柯林顿堡（Castle Clinton）票亭购票或换票，再从搭船处坐渡轮前往自由岛（Liberty Island），之后会再去艾利斯岛（Ellis Island），渡轮是采环状路线，1张票可去两个地方。（新泽西出发的渡轮是先停艾利斯岛，再停自由岛。）

$：成人17美元、满62岁年长者14美元、4~12岁小孩9美元。提供Audio Tours语音导览，通过解说可更清楚了解历史缘由。

网址：www.nps.gov/stli

New York Helicopter Tours有3种不同航线。

📫：6 East River Piers（Pier 6，在炮台公园和南街海港之间）

✆：（212）361-6060

🚇：地铁W、R 到 Whitehall Street/South Ferry站
地铁 1到South Ferry站

🕘：周一到周六9am~6pm、周日9am~5pm

🖱：www.newyorkhelicopter.com

其他必游景点……

3

搭直升机玩纽约

New York Helicopter Tours

地点介绍：

许多以纽约为场景的电影，开场时常有俯瞰这座繁华城市的镜头，一直想要亲自感受这样的视觉效果，于是搭乘直升机玩纽约的计划就这么成行了。飞机由曼哈顿岛最南端的Pier 6起飞，可以现场购票，也可以提前在网上预订，或是在某些酒店和热门景点处购票，购票与乘坐都需要提供身份证件。

这个玩法分为3种不同的航线：

1. **短线**Liberty Tour：围绕自由女神、艾利斯岛、南街海港一带，时长约15分钟，价格169美元（已含税）。
2. **中线**Center Park Tour：包含短线，再加上曼哈顿下城及中央公园，时长约19分钟，价格236美元（已含税）。
3. **长线**The Grand Tour：包含短线及中线，再加上热闹的中城帝国大厦一带和洋基球场，时长约25分钟，价格325美元（已含税）。

直升机由曼哈顿岛最南端的Pier 6起飞。

其他必游景点……

4

吃喝玩乐的Pier 17大型购物商场。

南街海港是赏桥、赏船、逛街好去处
South Street Seaport

地点介绍：

倚靠着东河的南街海港（South Street Seaport）原来是繁忙的河港，掌管与布鲁克林区的交通往来，但是在布鲁克林大桥完工后，河港便失去运输功能了，在没落一阵之后，又以观光休闲功能重生。

Pier 17是大型购物商场，里面有餐厅、服装店和纪念品店，附近有很多有趣的小摊位，来到这里可以逛逛Abercrombie & Fitch（A&F）、Express、Gap、Body Shop，还有洋基棒球专卖店，是吃喝玩乐的好地方。商场的前、后门，分别是观赏河景和大船，以及布鲁克林大桥的好位置。

- 19 Fulton St.（between Front St. & Water St.）
- （212）732-7678
- 地铁2、3到Fulton St站
  地铁2、3到Wall St站
  地铁A、C、J、Z到Fulton St 站
- www.southstreetseaport.com

有多种游船行程可以选。

其他必游景点……

九一一纪念馆和博物馆

National September 11 Memorial & Museum

地点介绍：

九一一纪念馆和博物馆（National September 11 Memorial & Museum）里面，详细述说着2001年9月11日发生的这段历史伤痛和重建计划。当初的“双子星”位置，已成为“归零地”（Ground Zero），两座大楼遗址变成两座壮观的瀑布池，池子边缘刻着所有2753位遇难者的名字，很感伤，却也是新希望的开始。这里免费开放参观，但需要提前在网上预约，因为有人数限制，而且需要参观者留下数据并遵守规定。展望新生，如今已有5座崭新的摩天大楼耸立于此，世贸1号楼在2014年初完工，2号楼、3号楼和地铁站计划在2015年完工。这座1号楼又称“自由塔”（One World Trade Center, Freedom Tower），楼高1776英尺，象征美国独立的1776年。现在世贸1号楼不但高于帝国大厦（1250英尺）成为纽约第1高楼，还超过芝加哥的威利斯大楼Willis Tower（1451英尺，2009年之前叫西尔斯大楼Sears Tower），成为全美最高楼。

九一一纪念馆和博物馆里述说着2001年9月11日的历史伤痛和重建计划。

- 地址：1 Albany St.（入口在Albany St. &Greenwich St.）
- 交通：地铁1到Cortlandt St站
  地铁E到World Trade Center站
  地铁N、R到Cortlandt St站
- 时间：10am~8pm（会随季节更动）
- 网址：www.911memorial.org

5座崭新的摩天大楼耸立在Ground Zero旁，展现重生。

其他必游景点……

6

有现场钢琴演奏的McDonald's。

位在华尔街附近，这家麦当劳也升级

McDonald's

地点介绍：

麦当劳（McDonald's）哪里都有，本来算不上是什么景点，但是位于华尔街旁的这家麦当劳可就特别了，不但有可以看股市的跑马灯，还有现场钢琴演奏，可说是集"号子"与"钢琴酒吧"于一身，组合很诡异吧。这间麦当劳在1988年12月开业，由于位于以上班族为主的地点，难得不特别讨好小孩而改讨好大人了，装潢比一般麦当劳豪华，金色滚边拱门、现代感吊灯、粉红色霓虹灯……还颇有赌场的feel。

地址：160 Broadway
电话：(212) 385-2063
交通：地铁4、5到Fulton St
地铁N、R到Cortlandt St
地铁A、C、J、Z 到Fulton St

金融区&中国城
Financial District & Chinatown

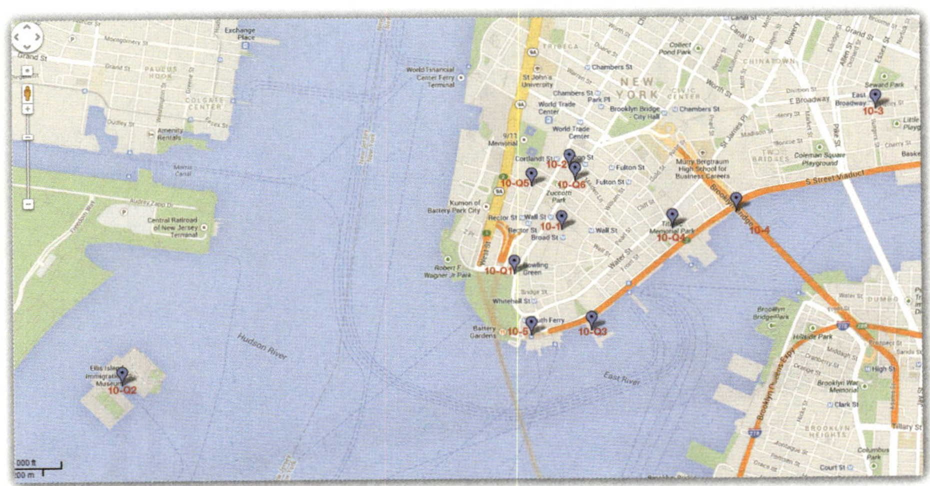

10-1 **纽约证券交易所** / New York Stock Exchange & 华尔街 / Wall Street
11 Wall St.(between Broad St.& Nassau St.)

10-2 **21世纪百货** / Century 21
22 Cortlandt St. (between Broadway & Church St.)

10-3 **米兰达分居后的公寓**
148 Henry St.& Rutgers St.（米兰达公寓）

10-4 **布鲁克林大桥** / Brooklyn Bridge

10-5 **史坦顿岛渡轮** / Staten Island Ferry
Whitehall Ferry Terminal

10-Q1 **炮台公园** / Battery Park
State St. & Battery Pl.

10-Q2 **自由女神像** / Statue of Liberty & **艾利斯岛** / Ellis Island

10-Q3 **纽约直升机之旅** / New York Helicopter Tours
6 East River Piers（Pier 6，在炮台公园和南街海港之间）

10-Q4 **南街海港** / South Street Seaport
19 Fulton St. (between Front St. & Water St.)

10-Q5 **911纪念馆和博物馆** / National September 11 Memorial & Museum
1 Albany St.（入口在Albany St.&Greenwich St.）

10-Q6 **有现场钢琴演奏的麦当劳（McDonald's）**
160 Broadway

https://maps.google.com/maps/ms?msid=204321338147695703909.0004cc08934d5ab2ac989&msa=0

Brooklyn

11 布鲁克林

从曼哈顿过了布鲁克林大桥就到了布鲁克林（Brooklyn），这里是纽约市5大区中人口最多的一区，约250万。还记得当Steve提议要搬到布鲁克林的时候，米兰达的第一反应是：“We're not moving to Brooklyn. I'm a Manhattan girl. I don't like arything not Manhattan.”（我们不会搬到布鲁克林，我是曼哈顿女孩，我不爱一点也不曼哈顿的地方。）在这部戏拍摄当时，确实有很多纽约客是这么想的，在他们眼中只有曼哈顿才是纽约，不过这几年来，态势有了很大的改变。

由于曼哈顿房价高得离谱，开发商开始往布鲁克林扩张、发展，并且猛力宣传，新建案的摩登形象让许多纽约客眼前一亮，像剧中饰演米兰达的女星辛西娅·尼克松（Cynthia Nixon），现实生活中就是住在这里；而从小在布鲁克林长大的女星詹妮弗·康纳利（Jennifer Connelly），婚后和英国演员老公保罗·贝坦尼（Paul Bettany）也还是选择住在布鲁克林，有了明星加持，现在的布鲁克林已不可同日而语。

其中的热门新兴区域是威廉斯堡（Williamsburg），这里隔着东河（East River）与东村相望，从曼哈顿来此很方便，地铁L线到布鲁克林的第1站Bedford Ave就到了，交通便捷也是它发展较快的原因。威廉斯堡既商业又艺术，餐厅酒吧服装店愈来愈多，剧中莎曼珊和小男友Smith相遇的生食餐厅（实际上是泰式餐厅Sea）就在此区。

另外两个愈来愈夯、房价大涨的地方是布鲁克林高地（Brooklyn High）和DUMBO（昵称小飞象区）。布鲁克林高地位于布鲁克林大桥下方，是个靠河的高地公园，因赏景位置优越而人气高涨；而DUMBO是 Down Under the Manhattan Bridge Overpass 的缩写，它位于布鲁克林大桥和曼哈顿大桥的中间，如早期SoHo般艺术气息浓厚，有许多仓库改造成的艺廊和餐厅，非常时髦。

N.Y 《欲望都市》经典景点

1

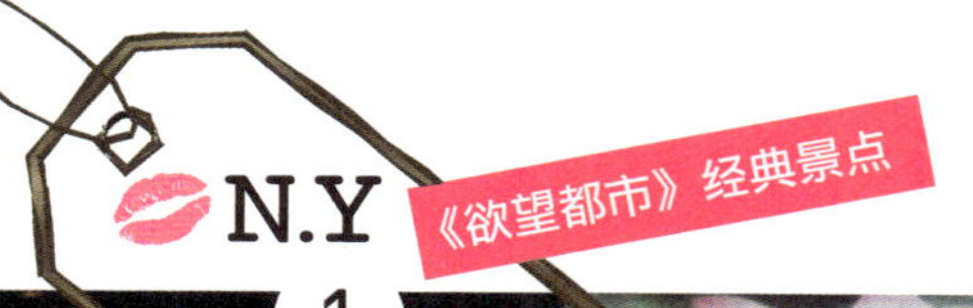

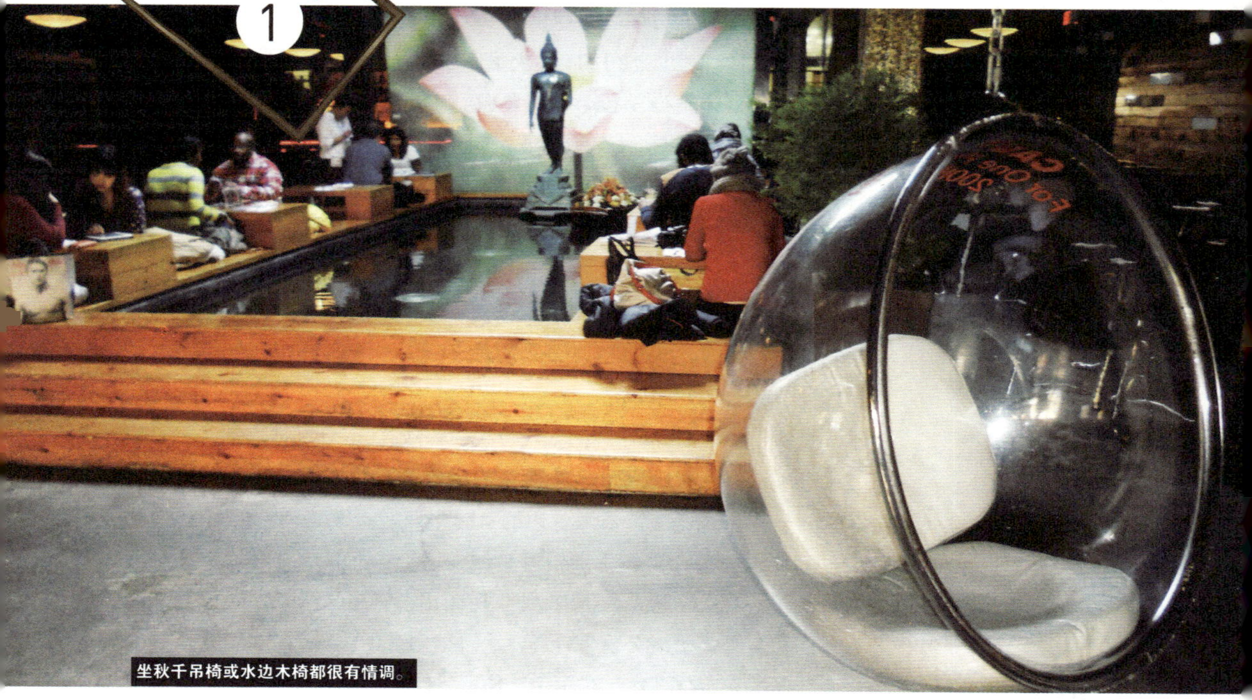

坐秋千吊椅或水边木椅都很有情调。

- 114 N 6th St.（between Wythe Ave.& Berry St.）,Brooklyn
- （718）384-8850
- 地铁L到Bedford Av站（由于只有地铁L可以到，建议与东村的行程放在一起比较顺路）
- 周日到周四11:30am~11:30pm、周五周六11:30am~1:30am
- www.seathainyc.com/sea/

莎曼珊迷上帅哥服务生的生食餐厅Raw，实际上是泰式餐厅Sea

剧情：

莎曼珊带姊妹们到生食餐厅“Raw”尝鲜，想不到大家都不捧场，有人说：“这里气氛很热烈，但食物则不然。”有人说：“他们的侍者很正，但他们的汤正好相反。”不过莎曼珊还是大有收获，因为她看上了店里的帅哥服务生，尽管周遭女性情敌环伺，她以耐心和霸气赶走她们，最后如愿以偿把猎物带回家。

出处：（第6季第2集）*Great Sexpectations*（中文版名：《高度性期望》）

洗手间造型特殊。

禅风水池是一大亮点。

地点介绍：

位于布鲁克林（Brooklyn）的Sea Restaurant，就是剧中的Raw Restaurant。其实这家餐厅并非生食餐厅，而是以酸辣著名的泰式料理，并结合越南美食，招牌菜包括Pad Thai泰式炒河粉、香茅烤鸡、香料猪排和各种咖哩菜色。饮料方面，大力推荐招牌特饮Sakuntala和泰国荔枝马丁尼Suwanmalee，地道的泰式奶茶也很好喝。

餐厅装潢非常有看头，一进门就看见一座大水池，水池后是充满禅意的佛像和巨幅莲花图，客人围绕在水池边的木椅用餐。门口酒吧区有大大的秋千椅，隔着一串串金属门帘，是圆筒状的洗手间和洗手台，造型可爱又特别！

Sea Restaurant自从2002年开业后，除了吸引《欲望都市》来此取景，也是娜塔莉·波特曼（Natalie Portman）主演的电影《情归新泽西》（*Garden State*）的拍摄场景之一。由于生意太好，2009年又在Meatpacking区开设分店，此外Las Vegas也有分店。

★ 布鲁克林区Steiner Studios史丹诺摄影棚 ★

电影版第2集中，Stanford和Anthony两人婚宴那有小桥、流水、天鹅的婚礼场地，剧中说是在“康乃狄克州的一间美丽酒店”，事实上是在布鲁克林的史丹诺摄影棚（Steiner Studios，地址：15 Washington Ave.,Brooklyn）。它于2004年开设，占地31万平方英尺，位于布鲁克林海军造船厂（Brooklyn Navy Yard），平时不开放参观，想多了解片场情况，可借由网站进一步探索。网址：www.steinerstudios.com

草莓起司蛋糕。

起司蛋糕种类特多是Junior's的特色。

《欲望都市》经典景点

2

凯莉和Mr. Big公证结婚后，和好友们齐聚在以起司蛋糕闻名的Junior's餐厅庆祝

剧情：

凯莉和Mr. Big公证结婚后，一改婚礼要高调举办的心态，选择了适合一家大小、气氛欢乐的Junior's餐厅，与众好友分享结婚喜悦。

出处： 电影版第1集

地点介绍：

来纽约，起司蛋糕（Cheesecake）绝对是必吃的经典美食，通常强调NY Style的起司蛋糕会比一般口味的起司更重一些，口感也更扎实，不过起司味重就更好吃吗？这就看个人喜好了。1950年开设的Junior's，可说是纽约起司蛋糕之王，种类特多是它的一大特色，有巧克力慕斯的Cheesecake、巧克力螺旋Cheesecake、表面是草莓颗粒的Cheesecake，还有里面夹草莓的Cheesecake，每一种都展现不同的诱惑力，但初次尝试最好还是点原味，最能感受这家浓郁却不甜腻的起司好滋味。Junior's也拥有美味又大分量的汉堡、三明治和炸薯条等，在时代广场附近（1515 Broadway）和中央车站里面也都有店面。

地址：386 Flatbush Ave. Ext（between DeKalb Ave. & Willoughby St.）, Brooklyn

电话：（718）852-5257

交通：地铁B、D、N、Q、R到Dekalb Av站
地铁2、3到Hoyt St站
地铁2、3、4、5到Nevins St站

时间：周日到周三6:30am~12:30am；
周四6:30am~1am；周五周六6:30am~2am

网址：www.juniorscheesecake.com

布鲁克林 Brooklyn

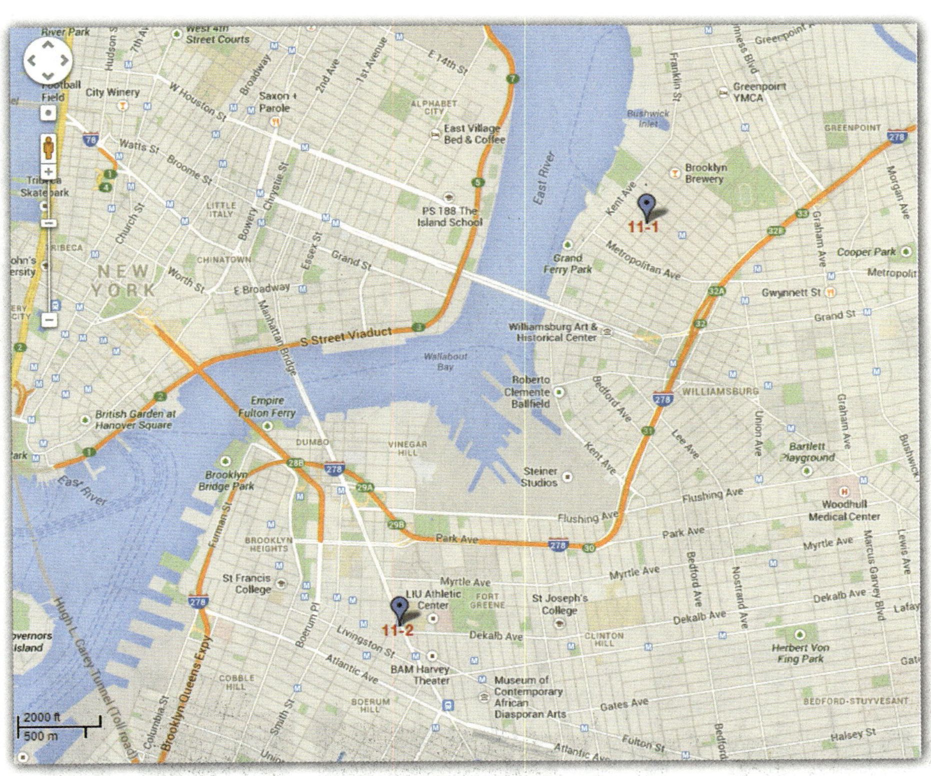

11-1 **泰式餐厅**Sea Restaurant
114 N 6th St.(between Wythe Ave.& Berry St.),Brooklyn

11-2 Junior's**餐厅**
386 Flatbush Ave. Ext (between DeKalb Ave. & Willoughby St.),Brooklyn

https://maps.google.com/maps/ms?msid=204321338147695703909.0004cc093eb65c45c5f45&msa=0&ll=40.704196,-73.97099&spn=0.027719,0.055747

Queens

12 皇后区

皇后区（Queens）是纽约市5个行政区中面积最大的一个，人口约220万。绝大多数的观光客来纽约最先抵达的地方就是皇后区，因为3大机场中有2个坐落在此，分别是肯尼迪国际机场（John F. Kennedy International Airport，简称JFK）和拉瓜迪亚机场（La Guardia Airport，简称LGA）。

皇后区是纽约市族裔最多元的地区，在这里使用的语言多达上百种，其中位于7号地铁终点站的法拉盛缅街（Flushing Main St.）一带，是华人大本营，由于房租和消费都比曼哈顿中国城便宜，根据2010年人口普查结果，此地华人已经超过了曼哈顿中国城，成为纽约最大的华人聚居地。

法拉盛简直就是美食天堂，不论是中国台湾小吃、川菜、湘菜、沪菜、港粤饮茶、东南亚风味、韩日料理，都很地道。特别推荐新世界商城（New World Mall）和法拉盛商场（Flushing Mall）的美食街，麻辣烫、蚵仔面线、臭豆腐、盐酥鸡、珍珠奶茶一网打尽。

皇后区最热闹的时候，就是每年8月底到9月初美国网球公开赛（U.S.Open）举办期间，上百万球迷涌进“比莉珍金国家网球中心”观赛。而网球中心所在的“法拉盛草原可乐娜公园”是皇后区最著名的观光胜地，公园内有全世界最大的地球仪，还有美术馆、科学馆和多个运动场，非常值得参观。

比莉珍金国家网球中心。

剧组借比莉珍金国家网球中心（USTA Billie Jean King National Tennis Center）座位，拍摄欲望四姊妹看洋基棒球

: 12402 Roosevelt Ave. ,Flushing
: 地铁7、7X到Mets - Willets Point站
: www.usta.com

剧情：

凯莉与Mr. Big分手后搞自闭，被姊妹们强拉出门看棒球，结果凯莉在此不但幸运接到天外飞来的一球，还顺利约到洋基队球员Joe Stark。

出处： 13集（第2季第1集）*Take Me Out to the Ballgame*（中文版名：《球场爱情学》）

地点介绍：

因为借景不易，凯莉看棒球这一场戏，剧组透露场景是运用了移花接木的手法拍摄：棒球场画面是布朗士的洋基棒球场，但四位女主角看球的座位则是在皇后区的国家网球中心（为表扬美国传奇网球女将Billie Jean King对网坛的贡献，又名比莉珍金国家网球中心）。每年8月底到9月初的美国网球公开赛（U.S.Open）举办期间，是皇后区最热闹的时候。

法拉盛草原可乐娜公园里的大地球仪。

其他必游景点……

比中央公园还大的法拉盛草原可乐娜公园

Flushing Meadows Corona Park

11101 Corona Ave.,Flushing
地铁7、7X到Mets - Willets Point站

地点介绍：

在电影《黑衣人》（*Men In Black*）中，威尔·史密斯（Will Smith）和汤米·李·琼斯（Tommy Lee Jones）在一座超大地球模型上奋力抵抗外星人，这座全世界最大的地球仪，就在法拉盛草原可乐娜公园（Flushing Meadows Corona Park）里，因为目标明显，坐7号地铁经过时便可看到。公园举办过两届世界博览会，里面的美术馆、科学馆和这颗大地球，都是当时为博览会而建。

法拉盛草原可乐娜公园占地1275英亩，比中央公园还要大上400多英亩，里面的运动场有篮球场、手球场、曲棍球场、直排轮场，还有两座国际级大球场：一个是之前提到的每年举办U.S. Open的比莉珍金国家网球中心（USTA Billie Jean King National Tennis Center），一个是谢亚球场（Shea Stadium），这里在2008年9月之前是纽约大都会棒球队（Mets）的主场。

其他必游景点……

2

纽约大都会棒球队的场地花旗棒球场

The Mets / Citi Field

地点介绍：

从2009年开始，大都会棒球队告别了老球场Shea Stadium（谢亚球场），正式启用位于老球场隔壁的新球场Citi Field（花旗棒球场）。虽然这个花了8亿美元、拥有4万5000个座位的球场各项设施新颖，但是因为当年大都会表现不佳，不但球员被批评，球场也被检讨多处设计不佳需要大规模整修。不过花旗棒球场仍是法拉盛居民举办各种大型晚会的绝佳场地。

回顾花旗棒球场的开幕，请来”披头士乐团”的保罗·麦卡特尼（Paul McCartney）开唱，可说是意义非凡。因为”披头士” 1965年曾在谢亚球场举办过人数破纪录高达55 600人的演唱会，可说是他们最著名最经典的一场演唱会，2008年谢亚球场最后一场活动，是由保罗·麦卡特尼和比利·乔一起演出。隔年，当球场以花旗为名重新开幕，保罗·麦卡特尼再度登上舞台，透过他串出许多过去美好回忆，感动全场。

：12301 Roosevelt Ave.,Flushing

：（718）507-6387

：地铁7到Willets Point-Shea Stadium站

大都会棒球队的主场花旗棒球场。

其他**必游**景点……

3

热闹的法拉盛华埠
Flushing

地点介绍：

法拉盛华埠（Flushing）坐地铁可以直达曼哈顿中城，坐一般7号车到中央车站大约40分钟，坐7号的快车大约25分钟。法拉盛的7号车地铁站位于缅街（Main St.）上，因此这条街也是法拉盛最热闹的地方。

法拉盛有许多由亚洲美发师操刀的美容院，不但价格便宜，也较能掌握亚洲人的发型美感，很多住在纽约其他地区的亚裔，到了需要换发型的时候也都往这跑。这里由华人经营的民宿有好几家，像“汇客来”“来来客居”“法拉盛温馨民宿”等，因为价格比曼哈顿旅馆便宜许多，服务也不错，留下好口碑的民宿，通常是华人游客纽约住宿的优先考虑。

法拉盛华埠是美食天堂。

地址：法拉盛华埠主要是以Main St.（缅街）和Roosevelt Ave.（罗斯福大道）作为中心，再加上附近37th St.到41st St.，北至Northern Blvd.（北方大道）。

交通：地铁7、7X到终点站Main Street

这里有很多华人旅行社，设计各种旅游行程，包括曼哈顿一日游，波士顿、费城或一路南下的美东游。华人旅行社也提供小巴往返纽约3大中国城，包括“皇后区法拉盛”“曼哈顿中国城”和“布鲁克林第8大道”。法拉盛到曼哈顿，每趟车资2.75美元；法拉盛到布鲁克林为4美元。法拉盛接驳点在41st Ave. & Main St.；曼哈顿在“孔子大厦Confucius Plaza”（Bowery & Division）；布鲁克林在60th St. & 8th Ave.。10~15分钟一班。

法拉盛华埠／吃吃喝喝

Flushing

Flushing Mall 法拉盛商场美食街

Flushing Mall里有阿宗面线、永和豆浆、西安名吃、庙口小吃、北方水饺等，看得人是眼花缭乱又心花怒放。总之在这里，蚵仔面线、蚵仔煎、臭豆腐、盐酥鸡、炒米粉……台湾小吃完全可以一网打尽。

地址：133-31 39th Ave.,Flushing

New World Mall 新世界商城美食街

爱吃辣的人一定要来New World Mall尝尝，自从“老妈麻辣烫”和“天府麻辣香锅”在美食街开张后，人潮更为汹涌。这里的餐饮店有30多家，拉面、锅贴、章鱼烧、可丽饼，选择太丰富了。

地址：40-21 Main St.,Flushing

Nan Xiang Dumpling House 南翔小笼包

法拉盛的小笼汤包，除了位于136-21 37th Ave.的鹿鸣春公认风味绝佳，南翔小笼包也是有口皆碑，它的蟹粉小笼汤包汁多肉香、皮薄而有弹性，而且每个个头都很大。此外，牛肉卷饼和水煎包也很好吃。

地址：38-12 Prince St.,Flushing

66 Lu's Seafood 66 海之味

以台式料理闻名，排骨饭、鸡腿饭、卤肉饭、牛肉面是这里的“4大天王”，它的排骨和鸡腿炸得非常香酥可口，卤蛋有淡淡茶香，加上香Q的米饭，让人回味再三。下酒又下饭的受欢迎台菜还有炒海瓜子、三杯鸡、麻油鸡。

地址：38-18 Prince St., Flushing

Chatime 日出茶太

这家新兴起的台湾连锁茶饮店，除了有粉圆不错的珍珠奶茶，招牌饮品还有走日系风的抹茶红豆饮料“宇治金时”和芒果冰沙，他们擅长调制一些新口味，在法拉盛开业时曾创下一天破2000杯的纪录，因此火速又开了第2家。

缅街店：40-10 Main St.,Flushing

罗斯福大道店：136-20 Roosevelt Ave.,Flushing

★ 皇后区Silvercup Studios银杯摄影棚★

全纽约最大的片场银杯摄影棚（Silvercup Studios）就位于皇后区的长岛市（地址：4225 21st St.，Long Island City），像《欲望都市》电视剧中4位女主角的住家内景，以及电影版中部分场景，都是在这拍摄。银杯摄影棚位于22nd St.的主影城，占地25万平方英尺，有13间大型摄影棚；位于Starr Ave.的东影城，占地20万平方英尺，有5间大型摄影棚。可惜都不对外开放参观。

网址：www.silvercupstudios.com

Staten Island

13 史坦顿岛

史坦顿岛是纽约市5个行政区域中人口最少的一区，它的面积是曼哈顿岛的2.5倍，但人口还不到50万，因其经常被忽视而被纽约人戏称为“遗忘角”（The Forgotten Borough）。史坦顿岛上没有地铁，虽然和布鲁克林之间有韦拉札诺海峡大桥（Verrazano-Narrows Bridge）相连可行车，但和曼哈顿之间只能靠船，为了弥补及便利岛上居民往返曼哈顿，纽约市政府提供了完全免费的史坦顿岛渡轮（Staten Island Ferry）服务。

这项德政也惠及所有的纽约游客，可以跟着免费登船，来一趟惬意的“史坦顿岛渡轮之旅”。说到欲望四姊妹来史坦顿岛是为了看猛男消防队员表演，可我们没打算走喷鼻血的行程，那么岛上有什么值得参观的呢？就在下船的圣乔治渡轮码头附近，有步行可达的史坦顿岛博物馆（Staten Island Museum，地址：75 Stuyvesant Pl.,Staten Island）和圣乔治剧院（St. George Theatre，地址：35 Hyatt St., Staten Island），参观这两地有助了解史坦顿岛的历史和文化。

值得一游的还有史诺格港植物园（Snug Harbor Botanical Garden，地址：1000 Richmond Terrace, Staten Island），来此要在码头乘坐S40巴士，到Snug Harbor Road站下车，约10分钟。这里的各国风情植物园景色绝美，其中以风格雅致的“中国江南式园林”寄兴园（Chinese Scholar's Garden）最有名，门票成人5美元，请注意周一不开放。

网址：www.snug-harbor.org

想要体验古早纽约人的生活，可以探访“里乞蒙老镇”（Historic Richmond Town，地址：441 Clarke Ave.,Staten Island），来此要在码头乘坐S74巴士，到Richmond Road 和 St. Patrick's Place站下车，约半小时车程。这个历史小镇古迹保存完好，有美国最古老建筑，以及穿着古装、进行各种传统活动的居民，游客也可租借古装，一同感受时光倒流的乐趣。

网址：www.historicrichmondtown.org

The Bronx

14 布朗士

布朗士是纽约市5个行政区中最北的一个，人口约140万，这里有三大重要景点，一是美国职棒大联盟纽约洋基队的主场“洋基棒球场”（The Yankee Stadium）；二是超过400种动物的超大“布朗士动物园”（The Bronx Zoo）；三是250公亩（1公亩等于0.15亩）的超大植物园“纽约植物园”（New York Botanical Garden），每年球季期间和春天百花齐放的时节，布朗士就会热闹起来，不过相反的，一旦球季花季结束，就颇为冷清。

说到洋基棒球场，它曾出现在《欲望都市》第2季第1集*Take Me Out to the Ballgame*（中名版名：《球场爱情学》），凯莉与Mr. Big分手后搞自闭，被姊妹们强拉出伤心地曼哈顿，一群人跑到布朗士看球。结果凯莉在此不但幸运接到天外飞来的一球，还顺利约到洋基新秀球员Joe Stark。

事实上，剧中出现的洋基棒球场画面是旧球场（880 River Ave.,Bronx），这个球场已于2008年9月走入历史，紧接着相隔一条街的洋基新球场（161 St.& River Ave.,Bronx）在2009年4月正式启用。值得一提的是，开张大吉当天洋基对小熊的表演赛，是由台湾好手王建民投出新球场启用的第一球。

新球场的总花费高达16亿美元，是美国史上造价最昂贵的体育场，超大型的电子屏幕是原本的6倍大，非常酷炫。洋基队是美国棒球史上，拿下世界冠军最多的一队，每当获得世界冠军，曼哈坦就有盛大游行，球员车队所到之处，两旁大楼会不停撒下碎纸，场面热烈欢腾。

洋基棒球场电话：（718）293-4300

交通：地铁4、B、D**到**161 St-Yankee Stadium**站**

网址：www.newyork.yankees.mlb.com

（京）新登字083号
图书在版编目（CIP）数据
爱上纽约：纽约时尚旅行攻略 /依蓝&春华著.—北京：中国青年出版社，2015.3
ISBN 978-7-5153-3008-2

Ⅰ.①爱… Ⅱ.①依… Ⅲ.①旅游指南—纽约 Ⅳ.①K971.29
中国版本图书馆CIP数据核字（2014）第287690号

北京市版权局著作权合同登记 图字：01-2014-6994号

《爱上纽约：纽约时尚旅行攻略》
黄依蓝、赵春华 著

中国青年出版社 出版 发行
社址：北京东四12条21号 邮政编码：100708
网址：http://www.cyp.com.cn
责任编辑：刘霜Liushuangcyp@163.com
编辑部电话：（010）57350508
发行部电话：（010）57350370
北京科信印刷有限公司印刷 新华书店经销
700×1000 1/16 16.5印张 350 千字
2015年3月北京第1版 2015年3月第1次印刷
定价：46.00元

本图书如有任何印装质量问题，请与出版部联系调换
联系电话：（010）57350337